数字化公益前沿

理论与实践

崔洪雷　袁彦鹏◎著

中国财经出版传媒集团
中国财政经济出版社
·北　京·

图书在版编目（CIP）数据

数字化公益前沿 ：理论与实践 / 崔洪雷，袁彦鹏著. 北京 ：中国财政经济出版社，2025. 8. -- ISBN 978-7-5223-4106-4

Ⅰ. C913.7

中国国家版本馆CIP数据核字第2025NH8476号

责任编辑：谷兴华　　责任校对：胡永立

封面设计：陈宇琰　　责任印制：党　辉

数字化公益前沿：理论与实践

SHUZIHUA GONGYI QIANYAN：LILUN YU SHIJIAN

中国财政经济出版社 出版

URL：http：//www. cfeph. cn

E－mail：cfeph@ cfeph. cn

社址：北京市海淀区阜成路甲 28 号　邮政编码：100142

营销中心电话：010－88191522

天猫网店：中国财政经济出版社旗舰店

网址：https：//zgczjjcbs. tmall. com

涿州汇美亿浓印刷有限公司印刷　各地新华书店经销

成品尺寸：170mm×240mm　16 开　15. 25 印张　210 000 字

2025 年 8 月第 1 版　2025 年 8 月河北第 1 次印刷

定价：58. 00 元

ISBN 978－7－5223－4106－4

（图书出现印装问题，本社负责调换，电话：010－88190548）

本社质量投诉电话：010－88190744

打击盗版举报热线：010－88191661　QQ：2242791300

本书是国家社科基金重大项目（21&ZD184）“发挥第三次分配作用促进慈善事业健康发展研究”和宁波市一流强港与新型贸易研究基地的研究成果之一，同时受到宁波市科技局软科学一般项目（2024R045）和浙大宁波理工学院商学院的宁波市高校学科专业“161”工程建设项目“应用经济学”（优势特色学科A类）的基金支持。

序　一

作为中国公益慈善数字化转型的深度参与者和见证者，我时常被两种感受触动：一方面惊叹于数字技术释放出的动员力量和信任的传播速度；另一方面也不断自问，在效率逻辑主导的今天，我们该如何坚守公益实践中那份属于人的温度和初心。

当微信“捐步”成为新时尚，当直播助农让田间地头的果实直抵城市餐桌，我们看到的不仅仅是效率的提升，也是一次数字时代公众参与范式的革命性重构，更是一场关于信任重建的社会实验。然而，当技术让公益变得“太容易”，我们是否会失去对苦难的敬畏？在技术与公益价值深度融合的变革中，我们又该如何守护人与人之间最真实的情感共鸣？这种对技术和人性的平衡探索，正是数字时代公益实践最需要的智慧。

《数字化公益前沿：理论与实践》的问世，可谓恰逢其时。它不仅系统梳理了数字化公益的理论脉络，厘清了技术驱动下公益体系演变的内在逻辑，更以丰富的实践案例和深入的机制分析，提供了一份兼具深度与广度的行动指引。本书不仅阐释了技术赋能公益的多维路径，也敏锐指出了数字化转型过程中的伦理挑战与治理困境，体现出强烈的问题意识和未来导向。它不仅回应了“数字化公益能做什么”，更重要的是提出了一个关乎公益未来发展的根本性命题：公益组织如何以数字技术为器，以人本价值为魂，推动公益事业在时代激流中大步前行。

掩卷沉思，书中案例仿佛交织成两个平行世界：一个是寻人系统的万千数据波动，另一个是失散家庭重聚时的哽咽拥抱；一个是爱心捐赠平台亿万次“点击”凝聚的热潮，另一个是病房中重燃的希望。这两个世界本应同频共振，而本书正是为我们搭建理解这种共振的桥梁。

相信每一位读到《数字化公益前沿：理论与实践》的读者，都将在其中获得新的思考、新的启发与新的行动力量。

浙江大学公共管理学院教授

浙江大学社会治理研究院首席专家

序　二

在人类文明史上，每一次技术革命都伴随着社会的重构。数字化浪潮对公益慈善领域的影响，既是一场效率革命，也是触及行业本质、制度和伦理的价值觉醒。作为深耕公益领域多年的研究者，我亲历了中国公益从“街头募捐箱”到“云端捐赠码”的变迁，也见证了数字化进程中工具理性与价值理性的激烈碰撞。站在2025年的时间节点回望，中国数字化公益已走过“技术移植”的启蒙阶段，正迈向“价值共生”的成熟期。《数字化公益前沿：理论与实践》正是在这样的时代背景下应运而生的，致力于回应数字技术与公益融合的关键命题。作者以丰富的理论和实践素材发表了深刻的见解和意见探讨。本书不仅系统梳理了数字技术在公益领域的理论演进与功能应用，也紧扣数字时代下公益系统所面临的社会需求与治理挑战，构建了推动公益体系高质量发展的知识框架，为探索可持续的数字化公益路径提供了新的视角与思路。

中国式现代化的本质要求，决定了公益慈善事业必须超越传统的济困扶弱功能，需要深度融入共同富裕的制度体系。作为“社会之手”主导的财富微循环机制，第三次分配在实际运作中面临两大结构性矛盾：一方面，公众参与意愿提升，但与之匹配的渠道依然匮乏；另一方面，资源分配常常被困于精准聚焦与普惠覆盖之间，难以兼顾效率与公平。数字化公益的兴起，为破解这一困境提供了现实路径。技术赋能虽不能取代价值理性，却可以借助“数据要素×社会需求”的乘数效应，推动政府、市场与社会三方协同机制的重构，从而为社会力量参与提供广阔空间。然而，数字化公益的发展并非一帆风顺。公益组织在技术采纳、资源配置和战略规划等方面面临着诸多挑战。许多组织尚未形成清晰的数字化战略，对平台能力、数据安全和公众信任等关键问题认识不足。同时，数字技术的快速发展也带来了数据隐私保护、算法偏见和技术伦理等一系列问题。这些问题急需在理论层面进行深入探讨，并在实践层面提出切实可行的解决方案。

基于上述现实问题，本书构建了一个系统性的研究框架，从理论基础、技术适配、风险应对与场景创新 4 个维度，深入剖析数字化公益的运行机制与发展路径。在理论基础部分，本书从技术接受模型、行为经济学、资源依赖理论、生态系统理论等多学科视角，试图揭示数字技术如何嵌入并重塑公益领域。技术解构模块聚焦人工智能、区块链、物联网与大数据等关键技术，分析其在公益场景中的应用潜力与适配策略。挑战响应模块关注数字技术落地过程中所面临的伦理困境、数据安全风险以及系统性挑战，并尝试构建韧性应对框架。实践创新模块则选取“数字化募捐”与“社会企业”两个典型领域，探讨数字技术如何在具体实践中实现深层嵌入与系统重构。

在数字化公益的浪潮中，我们看到了技术赋能的巨大潜力，也感受到了实践探索的艰辛与挑战。本书的出版，既是对当前数字化公益实践的总结与反思，也是对未来发展的展望与期许。崔洪雷和袁彦鹏两位学者的力作，不仅为我们呈现了数字化公益的前沿理论与实践成果，更激发了我们对这一领域的深入思考。公益之路，任重道远；数字赋能，未来可期。让我们携手共进，探索数字化公益的无限可能，为构建更加美好的社会贡献一份力量。

北京航空航天大学公共管理学院教授
北京航空航天大学人文公管学院慈善与社会创新研究中心主任

目 录

第一章

引　言

第一节　数字化变革中的公益挑战

随着数字化浪潮席卷而来，全球经济、社会与治理体系正经历着前所未有的变革。据中国信息通信研究院发布的《中国数字经济发展研究报告（2024年）》，2023年，我国数字经济规模已达53.9万亿元，占国内生产总值（GDP）的比重提升至42.8%，数字技术在国家发展与社会治理中的核心作用日益凸显。作为社会体系的重要组成部分，公益组织也积极响应这一变革，探索与推进传统运营模式、募资方式的深层次转型。

数字基础设施的不断完善为公益转型奠定了现实基础。2025年1月，中国互联网络信息中心（CNNIC）发布的第55次《中国互联网络发展状况统计报告》指出，截至2024年底，全国网民规模达11.08亿人，互联网普及率达78.6%，网络支付用户达10.29亿人。这一庞大的数字人口为公益领域的数字化发展提供了关键支持。特别是自2016年《中华人民共和国慈善法》实施以来，互联网募捐成为主流形式。《公开募捐平台服务管理办法》等配套政策陆续出台，推动了募捐平台的规范化发展。据民政部（2024年10月）数据，其指定的29家网络募捐平台已累计发布超17万条信息，总募集金额突破500亿元，显示了数字化公益的旺盛活力。

另外，公益组织的数字化转型也成为组织效能提升的现实选择。腾讯基金会（2023年）调查显示，超过90%的公益机构表达了强烈的数字化需求。但不同组织间的技术能力存在明显分化，尤其中小型机构在资金投入、工具适配、数据治理等方面仍处于较为滞后的状态。总体来看，公益行业的数字化尚处于起步与探索阶段，面临着技术采纳难、人才缺口大、战略整合弱等系统性挑战。

回顾我国公益数字化的发展轨迹，大致可划分为3个阶段：第一阶段为探索期（20世纪90年代至2007年），这一时期互联网普及，公益活动开始尝试性地接入数字技术；第二阶段为扩张期（2008—2016年），受政策引导与重大事件驱动，线上公益快速扩展；自2017年，公益数字化进入稳健发展期，平台化运营与制度化治理趋势日益明显。这一过程不仅凸显了前沿技术与公益活动之间日益紧密的协同效应，也标志着公益模式从传统线下向线上全面迁移，以及我国公益慈善领域的持续创新与发展。

尽管数字化带来了募捐形态革新、组织管理优化以及社会影响力拓展的新机遇，但现实中却面临复杂困境。许多组织尚未形成清晰的数字化战略，对平台能力、数据安全、公众信任等关键问题认识不足。因此，急需在理论层面厘清数字技术对公益系统的深层影响机制，在实践层面提出具备适配性与可操作性的转型路径。

在此背景下，本书通过理论阐述、技术解构与案例分析的综合路径，力求回应当前公益数字化转型中的关键“痛点”问题，提供可借鉴的路径经验，助力公益组织在数字时代实现转型能力与社会价值的双重跃升。

第二节　回应路径与研究方法

一、回应路径

针对数字化变革中公益组织所面临的深层挑战，本书立足于理论探究与实践应用的双重逻辑，试图构建系统性回应路径，深入阐明数字技术在公益体系重塑中的作用机制与转型策略。围绕“数字化公益的理论与实践”这一主题，本书从理论建构、技术适配、风险应对与场景创新4个维度展开研究，系统划分为4大研究模块，勾勒出数字技术在公益领域中由势能生成到动能释放、由技术逻辑走向制度逻辑的全景路径。

（一）理论基础模块：跨学科理论的整合（第二章）

理论基础模块试图系统化阐述数字技术是如何以及为何能嵌入并重塑公益领域的？为此，第二章划分为技术驱动、行为传导、生态演化和伦理约束 4 个理论层级，梳理了关于数字化公益整体运行机制的跨理论视角。

本模块的技术驱动理论部分，从技术接受模型的演化出发，延伸至社会创新、资源依赖与协同治理等理论视角，解析数字技术为何在公益系统中被广泛采纳。行为传导理论部分侧重探讨个体层面的认知模式、动机生成等，即阐述技术如何影响个体行为与社会参与逻辑。生态演化部分的理论则解释微观参与逻辑如何逐步汇聚为宏观生态系统的变迁历程。该部分结合生态系统理论、价值共创与复杂系统治理等分析工具，揭示数字技术在公益领域的扩散与嵌入过程如何推动多元主体的协同联动。伦理约束理论部分引入数字伦理、社会资本与技术社会化 3 个理论，尝试厘清在日益深入的数字化过程背后，如何建构一套兼顾效率、公正与风险可控的伦理规范体系。

本模块通过 4 个层级的理论架构，展开了从技术采纳动因到行为机制、生态建构与伦理制衡的系统性讨论，奠定了全书对于技术与社会之间深层互动关系的认知基础。

（二）技术解构模块：数字技术的应用发展与技术适配分析（第三章）

技术解构模块围绕“数字技术在公益慈善领域的战略适配与应用逻辑”，针对人工智能（AI）、区块链、物联网（IoT）、大数据与云计算 4 类技术集群，从定义基础、技术演进到战略价值进行了系统分析，重点在于厘清各类关键技术在不同发展阶段所展现的赋能潜力，探讨其在公益场景中实现可持续落地的技术路径与适配机制。

本模块逻辑路径分为 3 层：首先，分别对 4 类技术的基本内涵、组成模块与关键特征进行了系统梳理，厘清技术底座与原理结构；其次，从发展演化角度，追踪各类技术发展进程，挖掘其在公益应用中的可能性；最后，构建“技术复杂度—公益适配度—资金需求”的三维战略坐标系，对4类技术集群中的关键技术进行系统比较，识别其在功能实现、资源投入与实施可行等维度的适用边界与战略定位。

本模块试图通过系统化的技术解构与适配分析，为公益组织在有限资源约束下的数字化升级提供技术依据与评估框架，不仅回应了“数字技术能做什么”的技术发展问题，也回应了“公益组织能否用得起”“用得好”的现实约束，强调了数字技术应用中的可行性、适配性与资源条件之间的动态权衡。

（三）挑战响应模块：数字化公益的风险治理与韧性应对（第四章）

在数字化转型日益加速的语境中，技术对公益组织而言早已不只是一个效率工具，而是持续嵌入、不断重塑组织边界的一种力量。本模块聚焦于数字技术落地过程中所发生的一系列挑战，并尝试搭建“技术势能—社会动能”互构、数字赋能中介的模型，作为组织在转型环境中实现稳健发展的韧性应对框架。

从风险识别角度来看，技术所带来的不确定性远不止于工具偏差，无论是技术理想与公益实践之间的价值落差，还是在数据安全、隐私合规和技术依赖等方面，均显现潜在风险。为回应这些深层次问题，本模块提出了“技术势能—社会动能”的交互模型，并将其具体化为3类赋能路径：通过结构赋能推动流程与响应机制的重建；通过心理赋能重塑行动者的认知预期与信任基础；通过资源赋能拓展组织的网络边界与协作韧性。这套机制强调的是“技术导入—组织调适”，最终走向公益慈善生态构建的动态耦合过程，核心意图在于让组织逐步建立起韧性，减少平台与算法的技术牵引。

当然，抽象模型本身并不足以构成行动方案。因此，本模块在第四节强化了案例验证。围绕人工智能、区块链、物联网、大数据与云计算4类关键技术，选取了8个公益项目作为实践样本，从“技术架构—能力构建—场域变革—治理反思”的链条切入，分析技术在具体语境中的嵌入方式与作用机制。这些案例可以更清晰地呈现一个真实的公益领域中组织与技术逐步协同的过程。

（四）实践创新模块：公益场景中的技术重塑与价值跃迁（第五章、第六章）

本模块将视角由宏观理论与技术架构转向具体实践场景，选取“数字化募捐”与“社会企业”两个典型领域，分别代表数字化推动下的“公众参与机制重塑”与“组织模式创新”。与上一模块以技术为单元、强调技术特性对公益领域的差异化赋能不同，本模块以应用场景为单元，着重分析数字技术如何穿透不同公益模式，在实践中实现深层嵌入与系统重构；重点探讨数字技术在实际操作层面如何重塑公益场域的运行逻辑与互动机制。在数字基础设施持续完善的背景下，技术不再仅是提升效率的工具，而是推动参与模式演进、信任结构重塑与组织生态变革的关键变量。

第五章围绕“募捐形态的演进”展开讨论，从传播裂变机制、信任建构路径和成效评估框架3个维度切入，系统呈现数字化募捐如何在技术的撬动下，完成从物理空间向数据空间的迁移。这一迁移不仅改变了捐赠行为的触发逻辑，也对公众认知、组织策略与平台责任提出了更高要求。

第六章聚焦“数字社会创业”的发展和机制构建。从回溯数字社会企业的演进逻辑，以及围绕双元价值的动态平衡，即如何在生成社会影响力的同时维持组织生存的经济可行性等展开深入分析。然后，通过提出“数字社会创业生态系统”的分析框架，进一步梳理了要素构成、功能分工与运行机制，为理解技术如何催生一种兼具创新性与制度张力的新型公益模式提供了说明。

本模块意在提供一种可能性的拓展，为那些试图在复杂系统中找到社会动能支点的实践者提供理论支持与方法启示。

二、研究方法

在回应路径体系的构建过程中，本书在研究方法上综合运用了多种互补性策略，以确保理论分析与实证探究的紧密结合。具体而言，本书主要采用了文献研究、三维战略评估模型与案例研究3种方法支撑研究体系。

（一）文献研究方法

文献研究法旨在通过对国内外相关文献的系统梳理和分析，总结数字化公益领域的研究现状和理论进展。本书研究提出涵盖驱动、传导、结构、约束4层逻辑框架，勾勒出数字技术在公益系统中的嵌入路径与演化机制。多学科理论视角的融合阐述，有助于从技术接受、组织行为、制度变迁等多个维度，系统揭示公益组织在数字技术采纳过程中的动因与路径，同时也凸显了在现实操作中技术效率与公益价值之间可能存在的冲突和限制。这些理论的总结为探索数字化公益领域的理论研究和实践发展，提供了丰富的理论背景和研究基础。

（二）三维战略评估模型

为解决不同数字技术在公益场景中的适配性评估问题，本书构建了三维战略评估模型，从技术复杂度、公益适配度与资金需求3个维度展开交叉比较。模型既聚焦于关键技术本身的操作可行性，也兼顾组织实际的资源约束与服务需求，力图为公益组织在技术引入与资源投入的关键决策中提供具象化的评估工具。同时，在建模评估之前，针对关键技术的前沿发展和研究进行了总结，梳理了当前数字技术在公益领域的应用现状和发展趋势，为评估模型的构建提供了重要的背景信息，确保了评估过程的科学性和前瞻性。

（三）案例研究方法

案例分析法也是本书的重要组成部分，旨在通过对具体数字化公益项目的深入分析，揭示数字技术在公益领域的实际应用效果及其带来的深远影响。本书案例分析分为 3 个主要部分：技术集群主导的公益项目、数字化募捐和数字社会企业。其中，技术主导的公益项目，本书从“技术导入—数字赋能—社会动能—伦理考量”逻辑链条进行了详细分析，深入刻画了不同技术嵌入后的组织变化与社会反应机制。对于数字化募捐和数字社会企业，本书则主要通过研究综述的方式，为理解平台实践背后的制度逻辑与技术作用机制提供实践视角，并总结了数字化公益实践的成功经验和面临的挑战。案例研究不仅提供了丰富的实证数据，还为理解数字技术如何赋能公益领域提供了具体的实践参考。

3 种研究方法并非彼此割裂，而是在多章节、多层次分析中彼此嵌套、相互验证，不仅从理论层面阐述数字化公益相关内容，也深入剖析了数字技术在公益领域的应用现状与深远影响，为公益组织在技术选型和项目设计方面提供了科学依据，同时也为相关研究拓展了新的思路与方法。

第三节 研究贡献与关注重点

本书围绕数字化公益领域理论探索与实践创新的现实断层构建回应路径，研究贡献主要集中在以下 3 个方向。

（一）夯实公益组织数字化转型的理论基础

尽管“技术赋能”已成为当前公益领域的核心议题，但在理论层面上，尚缺乏对技术、行为、组织与制度多层面的系统性整合。为回应这一不足，本书试图构建一个跨层级、跨学科的理论体系，融合技术接受模型、行为经济学、资源依赖、生态系统理论等多元视角，描绘数字技术在公益系统中逐步嵌入、扩展与规训的演化路径。

与其他行业相比，公益组织在数字化转型中面临更复杂的环境约束与价值张力，不仅技术资源相对薄弱，还需兼顾社会使命与运营绩效之间的双重目标。因此，探索一条既具适配性又能维持价值底线的转型路径，成为学术研究与实务共同关注的命题。本书通过对数字化公益理论前沿的系统梳理，意在为公益组织在技术选择、治理模式构建与能力结构转型中提供坚实的理论支撑，帮助其在数字时代实现有韧性、有方向的持续演进。

（二）推动公益组织资源配置与能力建设路径创新

公益组织在数字化进程中普遍面临资源投入有限、技术能力薄弱、组织认知分化等多重障碍，特别是中小型机构在技术部署、应用场景识别与资源配置决策方面的不确定性尤为突出。本书第三章构建了关键技术的三维战略评估模型，系统比较了人工智能、区块链、物联网、大数据与云计算关键技术在复杂性、适配性与资金门槛方面的差异性，提出面向不同组织规模与资源禀赋条件的技术选型思路。

第四章进一步通过对上述 4 类技术集群主导的公益项目进行系统化剖析，围绕数字技术导入、能力构建过程与场域变革逻辑，揭示组织如何在不同赋能机制中逐步生成核心能力，并据此反思技术伦理挑战与提炼实践路径，为公益组织在数字转型中的技术选择、平台构建与治理设计提供结构性认知工具。理论与实践结合的路径探索，旨在帮助公益组织突破资源困局，在不确定环境中实现治理能力与服务能力的双重提升。

（三）为数字化公益政策优化与系统治理提供支撑依据

随着数字技术的深度嵌入，公益组织面临数据安全、平台透明度、算法公平性与公众信任机制等方面的治理新挑战，亟须更具系统性与前瞻性的政策响应。本书围绕数字化募捐与社会创业两大领域，提出了多项切实可行的制度建议。

第五章聚焦于数字化平台的信任重建、捐赠流程的透明机制设计以及弱势群体技术可及性保障等议题，回应了公共政策制定者对于“技术治理型公益”的现实期待。第六章则围绕数字社会创业（Digital

Social Entrepre－neurship）生态系统，强调双元价值（社会价值与经济价值）之间的动态调节机制，为政府在社会创新领域的政策支持与平台引导提供了理论依据与实证参考。

通过对理论基础的夯实、能力建设路径的探索与数字化公益场景的分析，本书力图在数字化公益转型的研究与实践之间建立了具体联系，为公益组织在数字化环境下深化认知体系与优化实践路径提供有益参考。

第二章

数字化公益的理论视角

数字化公益作为新兴领域，正于全球范围内释放显著潜力与变革性影响。数字化技术在公益领域的应用，不仅重塑了传统慈善的运作模式，也激发了社会创新活力。本章以多理论视角切入，围绕基础理论、行为心理、系统构建与社会伦理等核心议题，梳理其研究内涵与研究现状。多维度的理论分析将助力我们从不同层面洞察数字化技术在公益领域的具体作用机制，进而揭示数字化转型背后的驱动力量与复杂挑战。

第一节　技术驱动的公益基础理论

一、技术接受模型的理论拓展

技术接受模型（Technology Acceptance Model，TAM）作为解释个体技术采纳行为的经典理论框架，其理论根基可追溯至计划行为理论（Theory of Planned Behavior，TPB）。Davis 等（1989）基于计划行为理论提出用户对某一技术的接受程度受两个主要因素的影响：感知有用性（Perceived Usefulness，PU）和感知易用性（Perceived Ease of Use，PEOU），而外部变量通过感知有用性和感知易用性间接影响用户对技术的支持意向。感知有用性反映技术对目标行为的增益预期，感知易用性体现技术使用的认知负荷水平。简单而言，如果用户认为该技术能带来实际的效益，他们更可能接受并使用该技术，技术如果操作起来比较直观和简便，用户接受的可能性就会更高。在技术接受模型中，行为意向（Behavioral Intention，BI）扮演着桥梁的角色，既是个体对技术认知（感知有用性和感知易用性）的集中体现，又是预测实际使用行为的关键前因变量。换言之，感知有用性和感知易用性两大变量通过行为意向的中介传导，最终影响实际使用行为。这一过程呈现由认知引导态度，再转化为行为的链式反应机制，体现了技术接受模型的基本逻辑（Nasri 和 Charfeddine，2012）。

在公益慈善领域，相关研究主要聚焦于从捐赠者视角出发，解构在线平台所反映的数字技术采纳机制。Lu 等（2020）发现，捐赠者对在线捐赠平台的感知有用性与其捐赠意图存在正向关系，而感知易用性则在捐赠者的行为决策中起重要的中介作用。陈旭清等（2024）进一步证实了技术可供性在提高公众互联网捐赠意愿方面具有显著作用，其中“动机”在这一过程中发挥了关键的中介作用。这些研究不仅揭示了捐赠者行为背后的认知和情感因素，还为理解社交媒体平台向互联网公开募捐平台的引流机制提供了实证依据。

同时，捐赠者的社会背景和情感态度也在很大程度上影响其对平台的接受度。Kim 等（2022）指出，捐赠者对数字慈善平台的情感反应直接影响其对平台的感知有用性和感知易用性的评估，进而影响其捐赠行为。平台的设计和用户体验在捐赠者的采纳过程中也起至关重要的作用。例如，简化的捐赠流程和多样化的支付方式可以显著降低捐赠的难度，从而提升捐赠者对平台的好感度和接受度（刘振艳，2015；南方周末公益研究中心，2024）。良好的用户体验不仅增强了捐赠者对平台的使用频率，还提升了其持续应用的意图（Chen 等，2020）。此外，网站的环境因素（如颜色、语气、文字特点等）、设计因素（如网站导航、搜索栏等）以及社交因素（如富有社交元素的照片、常见问题解答、视频等）也能显著增加捐赠意愿和金额（Bataoui 和 Boch，2023）。这些研究结果为公益组织优化在线捐赠平台提供了重要的参考依据，有助于提升平台的吸引力和捐赠效率。

特别值得关注的是，研究表明信任构建作为关键的外部变量，能够调节感知有用性和感知易用性的作用强度，进而对捐赠行为产生显著影响。例如，Xu（2021）指出，用户对平台的信任程度以及社会影响因素（如朋友推荐、社会规范等）会显著左右用户的捐赠意愿与实际捐赠行为，即用户对平台的信任度越高，越倾向于进行捐赠。赵伟娜（2019）的研究也表明公益平台若能在资金管理、项目执行等方面展现专业性与责任感，就能增强捐赠者对平台的信任，有效降低捐赠者所感知的风险，进而促进捐赠行为。

技术接受模型为数字化公益提供了坚实的理论基础和分析视角，能够帮助我们理解各类参与者（如员工、慈善组织和捐赠者）在接受和使用数字技术时的决策过程。在实践中，慈善组织的数字化转型不仅需要技术的实施，还面临着一系列内在矛盾：一方面技术迭代速度远超用户适应能力，另一方面数据化需求与隐私保护之间存在冲突，此外，工具理性与公益伦理之间也存在一定张力。正是这些矛盾的存在，为技术接受模型的应用提供了丰富的研究场景。借助技术接受模型，我们可以探讨在面对这些悖论时，各利益相关者如何调整其技术接受行为，从而为数字化公益的发展提供更为精准的理论支撑和实践指导。

同时，随着区块链、人工智能等新兴技术不断应用于公益领域，新的技术接受议题也逐渐浮现。首先，元宇宙场景下捐赠行为的情感化转向机制，作为一种新的技术接受现象，需要进一步研究其如何通过沉浸性、生动性和交互性等特点，影响捐赠者的心理路径和捐赠意愿。其次，针对“Z 世代”与银发群体技术接受路径的差异，研究代际差异对数字技术接受度的影响也显得尤为重要。再次，数字工具对“草根”公益组织治理能力的影响，探索技术如何赋能，优化其治理模式和提升效率，成为数字化公益实践的重要方向。最后，分析数字鸿沟对公益资源分配的扭曲效应及风险传导机制，并探讨如何利用技术手段缩小数字鸿沟，优化资源配置，也是数字化公益面临的关键挑战之一。将上述关键议题纳入技术接受模型的研究框架，不仅有助于我们更全面地理解数字化公益中技术接受的复杂性，也可以为公益事业在数字化时代的持续创新和转型发展提供前瞻性理论指导。

二、社会创新理论与数字化转型逻辑

社会创新理论（Social Innovation Theory）为理解数字化推动社会变革提供了重要的理论框架，其发展路径与数字化进程高度契合。该理论的源头可追溯至 1934 年 Schumpeter 在《经济发展理论》中提出的“创造性破坏”概念，其最初聚焦于技术和企业层面的变革。然而，随着社会问题日益复杂，创新的内涵逐渐拓展至社会层面，社会创新理论也从技术经济领域延伸至社会治理领域，强调通过结构性变革应对社会挑战（Mumford，2002）。在这一过程中，Moulaert 等（2005）指出，社会创新的本质在于“通过集体行动改变社会关系与权力结构”，这一观点与数字技术推动的分布式协作机制契合，为数字技术在社会创新中的作用提供了理论支撑。进一步，Bria 和 Mazzucato（2019）提出的“数据公地”（Data Commons）概念，揭示了数字平台如何在开放协作中重塑资源配置方式，从而增强社会系统的包容性与创新性。这一思路为理解数字平台在公益慈善资源整合与共治机制中的枢纽功能，提供了新的分析视角。总之，社会创新理论的演进路径展现了一个显著趋势，即随着数字技术的不断发展，该理论逐步从强调技术应用本身，转向关注数字技术对社会关系、组织机制乃至制度架构的深层重塑能力。

基于这一认识，当前的数字化转型不仅是技术层面的演进，更成为推动公益慈善系统性变革的重要力量，促使社会创新理论在实践层面加速落地与扩展。以精准扶贫为例，利用大数据技术进行精准扶贫信息管理可以提高靶向精准度、政策执行精准度以及效果评估精准度，从而更有效地实现精准脱贫目标（李晓园和钟伟，2019）。进一步，基于大数据技术的精准慈善可以根据受助者的实际需求，将慈善资源精准分配到最需要的地方，从而提高资源利用效率，更好地满足社会需求（陈凯华等，2024）。这些实践案例表明，数字技术的应用不仅优化了慈善资源的分配方式，使资源配置更加精准、高效，也在更深层次上推动了慈善资源分配逻辑的结构性变革，即通过技术手段重塑了决策机制、参与模式与执行流程。

从组织结构层面来看，技术创新催生了平台型组织这一新形态，为公益领域的社会协作与资源整合提供了全新的机制基础。以腾讯公益慈善基金会为代表的平台型组织，打破传统界限，采用跨界协作模式，吸引政府、企业、社会组织和公众等多元主体共同参与，并整合了移动支付、社交互动和游戏化机制以增强公众黏性（王爱华，2019）。例如，2023 年的“99 公益日”期间，腾讯公益创造了公众参与人数超过 1.2

亿人，公众筹款金额超38亿元的纪录（澎湃新闻，2024）。这些创新实践验证了Mulgan（2007）提出的社会创新三维模型，即技术创新催生新理念，平台机制促进规模化扩散，最终引发社会创新在公益慈善生态中的系统性变革。

然而，尽管数字技术为公益慈善领域带来了诸多创新机遇，其背后也隐藏着一系列深层次的治理挑战。Howaldt和Schwarz（2016）提出的“技术决定论”陷阱在该领域表现尤为突出，一些公益组织将技术本身视为解决方案，却忽视了制度建设和能力配套的必要性。根据《中国大型慈善组织数字化建设研究报告（2022）》的分析，部分慈善机构虽然在数字化建设中投入了大量资源，但因缺乏系统性规划和有效管理，导致多个功能模块形同虚设，难以发挥预期作用（上海交通大学中国公益发展研究院，2022）。

与此同时，数字化公益领域的数据垄断问题也日益凸显。《2023年公益组织数字化洞察报告》指出，大型互联网公益平台（如腾讯公益、阿里公益）凭借其平台优势在资源获取与流量分配中占据主导地位，使得中小型公益组织在数字化转型中面临更大生存压力（腾讯调研云，2023）。更深层的问题在于，Murray等（2010）所提出的“社会创新生态系统”尚未在公益数字化实践中形成，导致现实层面既无有效支撑体系，也缺乏促进多主体协同、反馈与共治的制度化路径。因此，尽管现有研究指出数字技术可在一定程度上提升资源分配效率（陈凯华等，2024），并增强多元主体的协同合作能力（刘志阳等，2024），但其在实际应用中的效果和可行性仍然面临较大限制。这进一步印证了社会创新理论的基本观点：数字化转型并非单一的技术升级过程，而是一种深刻介入权力结构与制度体系、推动社会结构重构的系统性变革路径。

社会创新理论为理解数字技术如何推动社会价值体系重构提供了重要的理论支点。当下，公益慈善领域的数字化转型已逐步超越工具理性的技术逻辑，转向对社会价值分配机制的深度干预与重塑。一方面，社会创新理论提供了观察这种变革动力与结构调整的分析框架；另一方面，该理论本身也在数字化实践中不断发展和延展，逐步涵盖平台治理、技术伦理、数字权利等新议题。未来研究亟须深入探讨技术介入下的治理伦理、数据权利再分配及多方参与机制，以进一步完善社会创新生态系统的理论建构与制度保障。这不仅体现了对 Westley 和 Antadze（2010）社会创新路径的现实化演绎，也凸显出在数字技术深度介入公益领域的背景下，实现价值创造范式的重构与协同共治型数字化公益体系的构建，已成为该领域社会创新实践的核心目标。

三、资源依赖理论下的数字化关系

在数字化转型过程中，公益慈善组织通常需要依赖外部技术供应商或平台服务商，尤其在内部技术能力或资金支持不足的情况下更是如此。依据资源依赖理论（Resource Dependence Theory，RDT），数字化转型实质上重构了公益组织与外部环境之间的资源交换模式。资源依赖理论指出，组织的战略行为不仅受外部资源获取的约束，还受组织内部资源结构的影响，因此需通过内外部互动提升资源获取能力与影响力（Pfeffer 和 Salancik，1978）。

在数字技术赋能的背景下，慈善组织面临着在技术获取与资源依附之间寻求动态平衡的挑战。一方面，技术引入提升了组织效率；另一方面，技术平台的主导地位也可能削弱组织的自主性，形成新的权力依赖关系。这种双向权力博弈逐渐打破了传统的资源依赖格局，构成了数字时代特有的“技术—社会”复合型依赖网络。具体而言，当公益组织引入数字平台以弥补技术和资金短板时，其与技术平台之间的依赖关系呈现鲜明的双向性：平台企业通过数据接口和算法架构掌握资源分配的主导权，而公益组织则凭借其社会资本与公益流量，对平台的生态合法性构成反向制约（Emerson，1962）。这种互动格局，要求组织在获取关键资源的同时，主动构建多元合作策略以维持自主性与适应性（Froelich，1999；Pfeffer 和 Salancik，1978）。

组织为降低单一资源依赖的风险，往往采取多样化策略，如联盟合作（Barringer 和 Harrison，2000）、政策游说（Hillman 等，2004）以及合法性建构（Oliver，1991）等，以扩展其战略回旋空间。环境的不确定性（如政策变化、技术革新等因素）进一步要求组织提高灵活性，以应对资源依赖带来的潜在风险（Drees 和 Heugens，2013）。例如，新冠疫情促使部分组织重构本地化资源网络（Shih，2020），以缓解外部环境波动对其运营的冲击。Lee 和 Hung（2023）也指出，良好的网络结构和关系强度能够增强组织在危机时的资源调动能力，提升其系统性抗风险水平。

近年来，随着数字化与平台化的深入推进，“依赖网络”和新型资源依赖模式成为学术界的研究热点（Drees 和 Heugens，2013；Kretschmer 等，2020）。顾雷雷和欧阳文静（2017）揭示，在数字环境下，企业慈善的资源转化机制已演变为一种以数据资产和社会影响力为核心的新型交换模型。研究指出，企业可通过强化营销能力，将慈善捐赠行为转化为竞争优势，进而提升整体绩效；同时，非营利组织在数字平台上积累的捐赠者行为数据，也成为吸引企业合作的重要战略资源。这种以数据为纽带的互惠交换，正在推动企业与非营利组织之间的合作模式，从传统的资助和受助关系转向更为复杂的战略协作关系，并加速跨部门合作模式的升级与演化。

这种转型趋势不仅体现在资源交换类型的变化上，也体现在组织间关系模式的系统重塑中。Austin 和 Seitanidi（2019）基于资源依赖视角，将企业与非营利组织之间的合作划分为慈善型、交易型与整合型 3 类，强调合作深度越高、资源整合程度越强，价值创造潜力越大。随着数字基础设施的兴起，这一合作框架正在从传统实体资源的线性互补，向更复杂的生态共建模式演进，表现更强的互联性与协同性。在这种合作关系中，非营利组织提供社会影响力和公益价值，而企业则贡献资金、技术与管理经验，双方通过资源协同实现价值共创。这种基于数字平台的协作机制不仅提升了资源整合的效率，也创造了更广阔的跨部门合作空间。

然而，这种合作形态也伴随着新的治理挑战。一方面，Gazley 和

Guo（2020）指出，平台机制为合作双方提供了更高效的价值传播通道；另一方面，Kreutzer 和 Jacobs（2022）提醒我们，平台政策的不确定性与数据隐私风险正逐渐成为合作中的潜在威胁。价值创造与风险挑战的并存，构成了数字化转型背景下组织间协同合作的典型治理困境。

此外，制度环境与技术变革的叠加效应进一步加剧了资源依赖关系的复杂性。Frumkin 和 Galaskiewicz（2021）指出，外部制度压力是影响非营利组织战略调整的重要因素。面对制度环境的持续变化，非营利组织往往需要根据自身的资源禀赋和战略目标，动态调整其组织策略，以保持在资源获取与任务履行之间的平衡。在数字化转型背景下，平台规则逐渐演化为一种新的制度约束形式，不仅重塑了资源的获取路径，也改变了组织对外部环境的响应逻辑。这一转变迫使公益组织在应对资源依赖关系重构的同时，必须探索适应性更强的新型资源管理范式，以在技术赋能与资源依附之间实现动态平衡。

从资源依赖理论的视角出发，已有研究对数字化转型中的资源关系演化进行了多维度的深入探讨。一方面，学者剖析了企业慈善中战略性资源交换机制的运作逻辑；另一方面，也关注到公益慈善组织如何通过资源拼凑策略，在多源依赖中实现功能延续与目标调整。同时，不确定性环境下资源流动的动态变化，也成为分析的关键维度。这些研究共同勾勒出一幅关于公益慈善领域资源政治经济学的系统图景。更为重要的是，这些研究不仅揭示了资源禀赋与权力结构之间的相互构成机制，还进一步展现了“资源诅咒”与“资源催化”之间的辩证关系。

未来如何将资源依赖理论有效融入数字化公益实践。在技术层面，有必要深入探讨区块链的确权机制、人工智能的智能分配机制等在缓解资源依赖、优化资源配置中的潜在作用；在实践层面，则需关注如何通过技术手段打破对单一资源来源的结构性依赖，探索多元资源协同与动态调配的可行路径。要将这一研究构想转化为具备实践指导意义的理论框架与治理模式，研究者不仅需拓展资源基础理论中关于依赖规避与策略性应对的逻辑，还需引入复杂性科学、算法伦理等跨学科视角，构建适应数字时代特征的资源治理新范式。通过理论深化与方法创新的协同推进，公益慈善组织方能在“有限资源—无限需求”的矛盾中实现韧性提升与可持续发展。

四、协同理论和数字化治理演进

协同理论（Synergy Theory）为解析数字化公益领域中各类组织（如慈善机构、技术平台和政府部门）之间的合作关系提供了有力的理论框架。该理论强调，系统内部各要素通过相互作用实现自组织演化（Haken，2006）。这一框架有助于深入理解在数字技术赋能背景下，公益主体如何打破传统壁垒实现资源整合与协同增效。

在实践中，数字技术的引入显著改善了数据共享、信息传递和决策协调的效率，成为推动跨机构协作的重要工具。这一过程主要体现在3个方面：首先，云计算与区块链等底层技术为资源流转提供了可信载体，重新塑造了政府、公益组织与社会公众之间的动态连接机制；其次，智能算法构建的分析系统逐渐成为系统内的关键“参数”，不断引导各子系统调整其行为模式，从而优化整体协作结构；最后，数字化平台打破了传统科层结构的分工限制，以分布式协作网络为基础，激发了基层单位的自组织能力与创新潜能。这一逻辑路径呼应了Wooldridge（2009）所提出的多智能体系统理论，即个体之间的局部交互，在特定规则约束下能够涌现整体有序结构。

同时，协同理论强调，系统内各要素的有效协作能够释放“整体大于部分之和”的潜在价值。在公益慈善领域，这一思想尤具现实意义。由于该领域常涉及政府、企业、非营利组织、社区乃至个人等多元行动体，若缺乏协同机制，各方资源往往难以高效对接，影响公益项目的整体绩效。因此，构建多主体协同体系，成为推动社会复杂问题解决与公益目标达成的关键路径。

近年来，相关研究逐步拓展至多个关联议题，涵盖协作平台的运行逻辑、慈善组织之间的合作模式、非营利传播策略、应急管理网络的响应效率、社区主导的可持续发展路径，以及公共资源共治、跨部门合作的实践机制等。这些探讨共同指向一个核心问题：如何在多元参与者之间形成有效的自组织体系与合作结构。特别是在治理机制的演进过程中，协作治理的“临界点”问题日益受到关注，即在何种条件下，多方协作才能真正转化为稳定、持续且具扩展性的制度性安排。通过揭示上述合作过程中的动态规律与系统特征，协同理论不仅为理解数字化时代公益慈善的运行逻辑提供了理论支点，也为实践操作中的机制设计与策略选择提供了方向指引。

在平台机制方面，Ansell 和 Gash（2018）指出，协作平台作为一种新型治理策略，能够通过整合资源、促进信息共享和协调行动，显著提升治理效率与系统透明度，特别是在应对复杂公共问题时表现出强大的整合能力。此观点对数字化公益具有启示意义，即通过平台机制整合人力、物力与财力资源，有助于打破组织间壁垒，推动各方协同联动。进一步，Chen 和 Evans（2022）采用自然语言处理（NLP）技术，对慈善组织间的合作文本进行了系统分析，识别出合作过程中的关键变量及其演变模式，拓展了对协作平台内在结构与动态机制的理解。上述两项研究强调了平台作为协同载体的战略价值。除平台外，传播机制同样在协同构建中发挥关键作用。Guo 和 Saxton（2020）聚焦非营利组织在社交媒体上的传播策略与用户互动，发现合理的内容策划与互动机制不仅提升了公众参与度，也强化了组织与外部环境之间的协同联系。社交媒体的互动性和可扩散性，使其成为非营利组织构建公众协作关系、增强组织影响力的重要渠道。

在涉及应急响应的协同研究中，Kapucu 和 Hu（2020）分析了多重协作网络下组织间的角色划分与互动方式，指出尽管多重网络结构增强了应急管理的适应性与灵活性，但也带来了协调复杂性上升的问题。这一发现为数字化公益在突发事件中的快速响应机制设计提供了重要启发，提示组织需在增强适应力的同时，提升协同治理的精准度与流程清晰度。针对协作过程中的制度性挑战，Saz - Carranza 和 Ospina（2020）强调，跨部门合作经常面临目标差异、价值分歧与管理方式不一致等问题，并成为协同推进的障碍。通过建立信任基础、协调目标和强化共同价值观，可以有效缓解矛盾，提升协同效率。而在协作机制长期演化的维度上，Ulibarri 和 Scott（2021）进一步提出“协作治理临界点”的概念，认为某些关键节点可能触发系统结构的“拐点”转变，识别这些转折性因素对于提高协同治理的稳定性和韧性具有重要意义。

此外，协同理论也为理解基层社区或文化异质性背景下的协同机制提供了理论视角。Lee 和 Hung（2021）通过分析社区可持续发展案例指出，社区具备通过自组织方式实现资源协调与目标达成的能力，即便在缺乏强制性制度的前提下，也能形成相对稳定的合作关系。这种基于自主行动与内部激励的治理模式为数字化公益的去中心化实践提供了经验基础。与此同时，Ostrom 和 Janssen（2019）则从文化与规范出发，探讨了集体行动的生成逻辑。他们认为，文化多样性与社会规范在组织间建立合作关系、增强共同体意识和实现资源持续利用方面起着核心作用，尤其在多元主体共治的公益场景中更为重要。

协同理论不仅揭示了数字化公益中平台构建、传播互动、应急响应与制度治理的多维机制，也深化了对协作网络复杂性与系统演化规律的认识。为回应数字时代协同治理面临的新挑战，有必要系统阐释技术嵌入如何重塑协作逻辑与治理结构。未来研究可围绕以下 3 个方向展开深入探讨：第一，聚焦智能合约在多主体协作中的制度替代功能，分析其如何通过可编程逻辑执行合作规则，从而缓解传统制度不同所带来的协调障碍；第二，借助大数据图谱与网络分析技术，解析公益资源在多层级组织网络中的流动路径与结构关系，识别协同失效的风险节点，为资源配置与行动部署提供前瞻性支持；第三，面向人机协同不断演进的趋势，探讨如何激发分布式公益创新，推动形成具有技术嵌入特征的新型协同范式。这些研究路径不仅有助于深化对协同机制演化逻辑的理解，也为构建更具韧性与响应力的数字化公益治理体系奠定了坚实的理论基础。

第二节　公益参与的行为机制理论

一、行为经济学的决策框架重构

行为经济学理论（Behavioral Economics Theory）为理解数字化公益中个体捐赠行为的心理偏差提供了重要视角。捐赠者在现实决策中常受到过度自信、金额感知等心理偏差影响，做出与传统理性模型不一致的选择。例如，捐赠者可能低估自身捐赠能力，或因他人行为而调整捐赠金额。这些偏差说明，捐赠决策不仅取决于个体的资源状况和意愿，还受情境和心理暗示的显著影响。

相较之下，传统经济学建立在“理性人”假设之上，强调个体在权衡成本与收益后做出最优决策。但行为经济学认为，现实中的个体往往受到认知限制、情绪干扰与社会压力等非理性因素的影响，从而偏离“理性路径”。融入心理学视角与实验方法的行为经济学，为解释个体在复杂、不确定环境中的真实行为提供了更具解释力的框架。在该理论体系下，Kahneman（2011）提出的“有限理性”理论强调，个体由于认知和信息处理能力有限，在决策时倾向于依赖启发式规则而非精确计算。Kahneman 与 Tversky（1992）发展的前景理论（Prospect Theory）进一步揭示，个体在面临风险时对收益与损失的敏感度存在非对称性，表现为“损失厌恶”与“参考点依赖”等特征，而这些都有助于理解现实中捐赠个体行为的非理性波动。

在应用层面，Thaler 与 Sunstein（2008）提出的“助推（Nudge）”理论为优化捐赠行为提供了有效手段。该理论主张通过重构“选择架构”，在不剥夺个体自由的前提下，引导其做出更有利于个人或社会的决策。例如，在数字化公益平台中，设置默认捐赠金额、展示他人捐赠行为或优化提示设计，都可有效提升捐赠者的参与意愿，体现了“助推”策略的现实可行性。

近年来，行为经济学中的“有限理性”概念被广泛应用于慈善捐赠决策研究，特别关注在启发式判断影响下，捐赠者如何在信息不完全或时间有限的情境中选择支持的机构。微观行为层面，Breeze（2013）对英国60位忠实捐赠者的定性访谈发现，个体的品位、成长背景与生活经验在捐赠决策中具有深远影响。那些能激发情感共鸣的慈善机构更容易获得支持，反映出捐赠行为存在显著的“路径依赖”特征。这说明，公益捐赠并非单一基于贫困与需求评估的理性行为，更深层地嵌入了个人认同与社会情感结构。

与此同时，前景理论也在解释捐赠者如何在不确定情境中权衡收益与损失方面发挥了重要作用。Sudhir等（2016）发现，同情性广告中“可识别受害人效应”和“群体内效应”显著提高了捐赠意愿，验证了前景理论中“损失厌恶”的核心假设。Xu和Huang（2020）则运用元分析方法比较了增益框架与损失框架对慈善广告的影响，发现尽管二者在说服力上并无显著差异，但在激发捐赠行为方面，损失框架更能促使人们规避“不捐赠所带来的后果”，从而提升实际捐赠行为。进一步的实验研究也支持了前景理论在公益广告相关研究中的适用性。Erlandsson等（2018）指出，尽管正向广告可能提高捐赠意愿，但负向内容更能激发捐赠行为，表明人们对潜在“损失”的感知具有更强的行为驱动效应。Chang和Lee（2010）的研究也表明，在负向情境中使用较小数字并搭配具体个案叙述，可增强广告的情绪感染力与说服力。此外，Suk和Mudita（2025）针对慈善组织透明度的研究指出，提前公开捐赠支出分配情况可有效缓解公众对高额管理费用的负面情绪，从而降低“潜在损失”的心理预期，提高捐赠意愿。

在数字化公益情境下，助推策略的有效性与适应性同样引发了持续讨论。Collier和Johnson（2021）的实证研究发现，“默认设置”在利用社会规范诱导捐赠方面虽有作用，但部分用户因感到决策被“操控”而选择退出，导致募捐效果未达预期。Meske等（2020）考察电商平台的慈善模块，发现“强制选择文本框”较“选择加入复选框”更能提升捐赠比例，但频繁使用此类机制可能引发“助推疲劳”，削弱捐赠者的长期参与意愿。Morgan 等（2015）则在少数族裔群体的器官捐赠登记研究中指出，不信任与文化隔阂会显著削弱传统助推策略的效力。从伦理视角出发，Hobbs（2017）提出的“助推三元分类框架”为评估公益助推的边界提供了规范依据。相较而言，“信息透明型助推”较少引发争议；“动机引导型助推”虽然短期内可刺激行为反应，但可能忽视对公民价值观的深层塑造；“认知规避型助推”则因规避理性判断、强化默认选项等方式面临更大的伦理挑战。例如，当默认捐赠机制被平台嵌入流量变现系统时，可能侵犯用户选择的真实性，也削弱了公益本身的公共性与纯粹性。这一框架凸显了 Thaler 和 Sunstein（2008）“自由主义家长制”概念所面临的核心矛盾，即如何在引导社会公益行为的同时保障个体自主权是数字化公益实践中亟待进一步厘清的关键议题。

整体而言，行为经济学为数字化公益中的捐赠行为研究提供了 3 个具有代表性的理论视角：有限理性理论、前景理论与助推理论。三者从不同角度揭示了捐赠者行为的驱动机制与可行的干预策略，为理解数字化公益中的捐赠行为提供了系统化的理论支持。这些研究不仅揭示了外部信息与广告框架的影响机制，也突出了捐赠行为背后的心理偏差、社会归属感与文化条件。未来研究应结合数字技术演化，探索更精准、个性化的干预策略，以提升捐赠效率与公共资源配置水平。同时，随着技术手段日益精密，对行为的引导与干预也面临伦理风险与信任挑战。如何在保障知情、尊重自主的前提下运用数字化干预手段，将成为推动数字化公益可持续发展的关键课题。

二、信任理论与数字信任机制

信任理论关注的是在信息不对称、风险与不确定性环境中，个体或组织如何建立相互依赖关系，并实现合作互动。这一理论融合了心理学、社会学、管理学和经济学等多学科视角，为理解数字化公益中各方行为提供了坚实的理论基础。从理论发展脉络来看，Rotter（1967）首次通过人际信任量表揭示了信任的心理基础，为后续研究提供了测量工具与分析维度。Mayer 等（1995）则构建了经典的整合模型，系统阐释了信任形成的三要素机制，即能力、善意与正直，并进一步指出信任还受到信任方自身的风险承担意愿影响。

信任的生成不仅取决于个体的心理特征，还与外部环境密切相关，诸如信息透明度、互动经验、制度保障以及文化价值等因素，均会对信任水平产生显著影响。从理论建构角度来看，信任具备以下 3 个核心特征：第一，信任作为风险承担的基础机制，能够缓解信息不对称带来的不确定性，从而降低合作过程中的交易成本（Mayer 等，1995）。第二，信任具有多维复合属性。Rotter（1967）指出，信任涵盖认知维度（对信息真实性与质量的评估）、情感维度（对动机与善意的期待）以及行为维度（通过合作行为表达信任）。第三，信任是一个动态演进过程。Zaheer 等（1998）的实证研究发现，随着合作经验的累积与环境条件的变化，组织间信任水平会不断调整，而制度安排与文化规范在信任的修复与巩固过程中发挥着关键作用。

目前，信任已成为推动数字化公益可持续发展的关键变量，其理论与实践价值不断受到关注。特别是在去中心化技术兴起的背景下，区块链因其不可篡改、公开透明等特性，为重塑公益信任体系提供了新的技术支撑。借助分布式账本与智能合约，捐赠者能够实时追踪资金流向，有效缓解对中介机构的依赖，从而提升公益项目的透明度与公信力。在此背景下，信任理论为理解数字化环境中捐赠者如何建立信任关系提供了核心分析框架。尤其是在缺乏面对面互动的线上场景中，信任的形成机制更加复杂，亟须系统化理论支持。相关研究不仅有助于揭示信任生成的心理与制度条件，也为慈善平台优化机制设计、提升公众信任水平提供了理论依据与实践指导。

信任理论应用于数字化公益场景，其具体实践价值主要体现在以下 4 个维度。第一，信息透明化对公众信心的正向强化。谢琼（2022）发现，数字平台通过实现财务与项目执行环节的全周期公开，能够有效增强捐赠者对公益项目的信任感知。第二，参与便利性所带来的信任扩散机制。以支付宝公益为例，数字平台通过降低参与门槛、积累小额捐赠所形成的“随手公益”模式，有助于促使信任在社交网络中实现链式传播，形成正向循环。第三，社会资本在信任形成中的结构性作用。李明与张勇（2024）基于对12座城市居民的问卷调查，构建了网络慈善信任逻辑模型，发现普遍信任水平显著提升了在线慈善参与度，而社会经济地位则对制度信任存在显著负向影响，提示信任构建需兼顾社会结构差异。第四，信任驱动要素的系统性整合。陈红等（2021）指出，在在线捐赠意向的形成过程中，高质量信息内容（中心路径）、平台声誉（边缘路径）与发起者可信度（调节变量）共同构建起信任生成的三维驱动框架，为平台运营策略提供了细化参考。

在数字时代，网络效应正在深刻重塑信任的生成机制。Kim和Lee（2022）通过捐赠行为实验发现，社交媒体平台上的“观察式学习”效应显著提升了捐赠者的信任感。当用户看到他人完成捐赠后，其自身的信任倾向会增强，且这种提升随社交距离的增加而呈指数级衰减。这一发现表明，在网络环境中，信任的扩散路径不仅取决于信息本身，还受限于社交结构的亲密程度。除社会网络的动态效应外，制度设计中的行为干预手段也在信任构建中发挥了积极作用。Thaler和Sunstein（2008）提出的助推理论表明，通过设置默认选项、提供即时反馈等“选择架构”优化手段，既能保留捐赠者的自主决策权，又能在不增加认知负担的前提下，提升信任的转化效率。这种微干预机制与信任形成过程具有高度协同性，尤其适用于数字平台中“轻接触、高频次”的公益参与模式。而面对潜在的信任危机，Saxton和Guo（2014）提出了“快速响应—问责整改—持续监督”3个阶段的修复机制，强调在危机发生后尽快启动组织回应，并在3个月内落实具体补救措施，有助于提高信任修复的成功率。该模型不仅突出了时效性和透明度在危机管理中的重要作用，也为数字化公益平台建立响应机制、强化公众信任提供了路径。

基于信任理论的研究揭示了在数字化环境中，信任作为连接捐赠者与平台的重要纽带，具有结构性、动态性与多维驱动特征。无论是在平台制度设计、社交网络传播上，还是在技术工具介入的信任修复机制中，信任始终是理解和推动数字化公益可持续运行的核心变量。当前，数字化公益领域关于信任构建的研究呈现3个明显趋势。第一，研究对象正从聚焦“个体层面的信任感知”逐步向“平台与系统层面的结构性信任”扩展，反映出学术界对宏观信任机制关注度的提升。第二，研究方法也在发生转向，从传统的静态测量向动态建模与过程追踪演进，更强调信任的生成、维持与修复过程。第三，研究视角日益多元，由原先偏重管理学、心理学的单学科分析，逐步拓展为融合社会学、信息科学与伦理学的跨学科研究体系。与此同时，新兴技术在信任重构中的作用也日益凸显。Zhao等（2023）指出，区块链系统中基于智能合约的自动执行机制，能够在无需中介的前提下提升项目流程的可信度，从而增强用户对平台执行能力的信任感。这一机制在提升公益项目的执行透明性与责任机制建设中显示出广阔前景。

未来的研究可围绕以下方向展开进一步拓展：第一，深化对系统信任生成过程的动态建模，结合用户行为轨迹、平台交互记录等多源数据，探索信任演化的动态特征与内在机制。第二，关注技术介入与制度设计之间的协同效应，评估区块链、人工智能以及数据可视化等工具在不同应用场景中对公众信任认知的影响路径。第三，推进跨文化语境下的比较研究，探讨多元价值观、社会规范与制度基础如何共同作用于数字化公益平台的信任建构逻辑，从而增强理论成果的国际适应力与本地响应力。在这些方向的深入探讨，有望为数字化公益信任机制的优化提供更具预测性、适应性和操作性的理论依据与实践启发。

三、公众参与理论和平台赋能机制

在数字化语境下，公众参与理论（Public Participation Theory）提供了重要的理论视角，用于理解和推动数字化公益中的互动机制。借助社交媒体、移动终端与在线平台，公众不仅获得了更便捷的参与通道，也在集体行动、志愿服务与议题传播等方面展现出更高的参与意愿和行为频率。数字工具的普及打破了传统的公众参与的空间限制，使公益组织能够更有效地吸引、激励和维系多样化的参与者网络，从而扩大社会影响力，提升公众对公益议题的关注度与行动能力。

公众参与理论的核心关切在于公众在公共事务中的实质性介入，强调民主治理不仅依赖代议机制，还应确保公众在实际问题解决中的话语权与影响力（Arnstein，1969；Irvin 和 Stansbury，2004）。其中，Arnstein（1969）提出的“公民参与阶梯”模型将参与划分为从“象征性参与”到“公民控制”的多个层级，突出了不同参与程度所对应的权力结构差异。该模型被广泛应用于分析公众在治理过程中的实际影响力，尤其适用于检视公益平台用户是否真正参与议题设置、资源分配与反馈监督等核心环节。Rowe 和 Frewer（2000）的研究进一步扩展了参与的维度，指出公众参与不仅包括信息反馈，还应涵盖协商、讨论、共识建构等多层次互动形式。这种复合型参与机制对于提升平台透明度、增强公众信任以及优化决策质量具有重要意义。在数字化公益场景中，公众的活跃参与不仅体现在点击、评论和捐赠行为上，更表现为内容共创、议题联署与平台治理的参与，反映了数字环境中公众角色从“受众”向“共建者”的身份转变。因此，公众参与理论不仅可以为数字化公益中“如何调动公众参与积极性”提供行为动因分析框架，也可以为公益组织设计参与机制、提升平台互动质量与社会回应力提供指导。

在公益慈善领域中，公众参与理论得到了广泛应用，并对提升项目透明度和增强社会信任发挥了重要作用。公众参与理论强调公众在决策过程中的实质性介入，主张有效参与不仅有助于提升项目质量，也能增强社会认同与制度合法性（Irvin 和 Stansbury，2004）。这一理念已逐步被公益组织采纳，体现在实践中，即越来越多的公益组织开始将受益群体、志愿者和捐赠者纳入项目前期设计与讨论环节，通过座谈、协商与公开意见征集等方式，使项目更贴近真实需求。

在具体机制上，信息公开被视为推动公众参与的核心手段之一。Rowe 和 Frewer（2000）指出，系统化的信息披露可有效减少信息不对称，强化公众对组织运作的认知，从而激发更高的参与热情。当前，众多公益组织通过发布财务报告、项目进展及成效评估等方式，构建公开透明的运作流程，增强了公众对组织的监督能力与信任基础。

数字技术的发展为公众参与提供了新的平台。社交媒体、在线问卷、互动直播等工具，显著降低了参与门槛，使公益组织能够以更低成本、更高频率获取公众反馈，并在此基础上优化项目策略。这种基于技术媒介的互动机制，拓展了公众的参与边界，从单一的响应行为延伸至内容共创与治理协同，在资源配置与项目管理中发挥实质性作用。同时，参与行为本身也促进了社会资本积累与信任生成，形成良性循环的公众互动生态。Han 等（2023）则以中国基层非营利组织 SW 参与“99 公益日”众筹平台为案例，分析了数字平台如何在赋能小型组织专业化运作的同时，重塑了地方公益资源整合与基层治理逻辑。这一案例说明，数字化不仅改变了公众参与的技术形态，也带来了组织结构与治理机制的深层变革。

现有研究表明，数字技术在重构公众参与路径中发挥了关键推动作用。公众参与理论以“公民参与阶梯”“多维互动机制”和“信息公开原则”等为基础，为数字化公益治理中的民主化与透明化更新了重要逻辑支持。然而，随着公众参与规模的不断扩大与平台功能的多元化，数字化公益中的参与机制正面临一系列新的挑战。一方面，信息复杂性与处理负荷的提升，可能削弱公众的参与意愿与判断能力；另一方面，数字鸿沟问题在地区、群体间的差异仍较明显，可能在无形中放大社会不平等。此外，如何在平台主导的技术逻辑下构建持久而不依赖强干预的信任体系，也是当前理论与实践尚未充分解决的问题。因此，未来研究可以从以下几个方向进一步拓展，以深化公众参与理论在数字化公益场景中的解释力与应用边界：第一，构建适配多类型平台结构的参与层级评估模型，动态分析不同层级的公众参与对项目质量、治理效能和平台权力分配的实际影响。第二，加强对技术介入与个体参与行为间互动机制的研究，聚焦平台算法设计、信息推荐逻辑与公众表达权之间的矛盾，探讨技术如何在不削弱参与主体能动性的前提下发挥支持作用。第三，拓展对边缘群体（如农村用户、老年人）参与障碍的识别与赋能路径，推动实现更加公平的数字化公益的参与生态。第四，深化信任机制与公众参与之间的协同建构研究，探讨公众如何在缺乏面对面协商环境时形成有效表达、协商和监督机制，进而在数字平台内实现持续、深度的参与实践。

第三节　公益生态的系统理论

一、生态系统理论的数字化适配

在数字技术深度嵌入社会系统的背景下，公益领域的数字化转型已不再局限于效率工具的引入，而逐步演化为系统性、生态性的结构重构过程。Li 等（2012）将数字生态系统界定为一种具备自组织能力、可扩展性与可持续性的分布式网络架构。借助生态系统理论（Ecosystem Theory）视角，数字化公益不再被视为孤立组织的线性行动，而被理解为多元行动者之间构成的动态互动网络，包括慈善机构、捐赠者、技术平台、监管者与数据提供方等。各参与方在系统中通过资源共享、信息交互与制度协同，共同推动生态整体的运行与演化。

在传统公益系统中，慈善机构、捐赠者与受益者之间的联系大多受限于物理场域与组织边界，构成相对封闭的信息结构。而随着数字技术的融入，公益生态的运行逻辑发生了根本变化：区块链技术通过分布式账本机制重构信任结构，智能合约实现了捐赠过程的自动化与可追溯；大数据分析则使需求识别从经验判断转向模型预测；地理信息系统突破行政区划限制，推动资源向精准化、跨域化配置演进。技术的引入不仅打破了系统原有的空间与功能边界，也增强了生态系统的适应性与弹性。然而，正如 Valdez – De – Leon（2019）所指出的，技术多样性也可能引发标准缺失、平台碎片化与路径依赖等问题。不同主体对技术的使用逻辑、数据结构和治理原则存在显著差异，导致协作成本上升与系统集成难度加剧。

李健等（2023）将生态系统理论引入慈善研究，构建了“慈善生态系统”的3层结构模型，从微观、中观与宏观3个层面解析数字化公益生态的运行机制。微观层面关注捐赠者、公益组织与受益者之间的直接互动；中观层面则强调政府监管与行业规范的引导作用，通过制度安排与政策设计影响微观主体的行为边界；宏观层面涵盖政治、经济与文化等结构性背景，对整个慈善系统的发展方向与价值取向产生深层影响。如在微观实践层面，郭敏华等（2023）以南沙“公益共享书屋”项目为例，揭示了生态系统理论在基层社区的实践路径。该项目通过设立图书角与推动图书漂流活动，以文化资源共享为切入点，重塑了居民之间的互助网络，增强了人与环境的情感连接。这种以社区协同为基础的资源循环机制，不仅缓解了儿童阅读资源短缺问题，也推动了社区公益文化的发展与传播。在此基础上，徐越倩等（2024）进一步扩展了公益生态的空间视角，提出“街区慈善生态”概念，强调通过跨行政区划的资源整合与多元主体能力共育，推动基层慈善服务实现从零散供给向协同系统的演化。

尽管现有研究从多个层面拓展了公益生态系统的理论基础，并在社区实践、政策设计等领域进行了多样化应用，但在数字技术的系统性作用方面仍显不足。随着社会治理理念的持续演进与技术工具的快速更新，数字化已成为推动公益生态深层重构的重要驱动变量。未来研究亟须将数字技术系统性地纳入生态系统理论框架，深入探讨其在要素连接、系统反馈与价值协同中的机制作用。一方面，应从微观、中观和宏观多层视角出发，分析不同技术类型如何重塑生态系统结构；另一方面，也应关注技术逻辑与社会价值之间的张力调节，探索以“技术—制度—文化”协同演化为导向的生态治理路径。通过上述拓展，有望为数字化公益生态的建构提供更加系统化的理论支持与实践方案，推动生态系统理论在公益领域实现本土化、动态化与多元化的发展。

二、价值共创理论与数字实现逻辑

在数字平台迅速普及的背景下，价值共创理论（Value Co - Creation Theory）为理解数字平台如何通过用户参与和互动共同创造新价值提供了理论基础。与传统的交易模型不同，数字平台不仅是资源流通的中介，更是一个多方参与、协作创新的开放空间。捐赠者、志愿者与公益组织等参与者通过数据共享、知识交换与资源协同，共同参与价值创造过程。捐赠者不再只是资金提供者，其也通过经验分享、项目参与等方式深度介入公益活动，有效提升了项目的影响力与社会扩展性。

价值共创理论源自服务主导逻辑（Service - Dominant Logic，SDL）（Vargo 和 Lusch，2004），是一种以客户为中心的商业和服务管理理念，标志着商业管理范式的根本转变。其核心理念打破了传统生产者与消费者的角色划分，形成了多主体协同、资源互补和价值共生的动态生态结构。该理论实现了三重范式跃迁：首先，在价值创造主体层面，消除了生产者与消费者之间的角色边界，消费者从传统的被动接受者转变为主动参与者，企业则转变为资源整合平台和协作网络的建设者；其次，在价值生成路径上，强调服务全过程中每个接触点的交互积累；最后，在资源整合维度，不仅注重显性资源（如技术、平台能力），更强调用户所带入的隐性资源（包括经验、网络与知识等）在价值生成中的战略意义。在这一框架下，组织的核心能力不再局限于自身效率优化，而在于其对外部共创网络的组织力与协同能力。

随着数字技术的持续演进，从用户生成内容（UGC）平台到开放创新社区，价值共创机制被更广泛地嵌入服务、制造、社群等多个领域。这一趋势也引发学术界开始关注其在公益实践中的具体表现与作用机制。Zhang 等（2023）的研究证实，数字技术是推动价值共创的重要驱动力。陈文静（2021）、Cheng 和 Kodono（2022）对“蚂蚁森林”的跨时段研究指出，数字平台通过游戏化机制激发用户内在动机，并借助碳足迹的可视化手段强化责任意识，最终构建起亿万用户参与的环保价值网络。该研究表明了数字平台在资源整合与价值共创方面的独特功能。在平台机制的基础上，李放等（2023）将视角拓展至地方社区治理，探索价值共创机制如何通过制度安排落地。该研究指出，在山东省农村社区慈善项目中，信用积分制度通过价值可视化和声誉激励机制，将个体福利追求（如积分兑换）与社区共创价值（如互助养老）有机结合，构建了“制度嵌入式共创”的路径。He 和 Zou（2023）的研究则揭示了个体心理在公益捐赠中的催化效应。他们发现，当捐赠者感知受助群体存在较大的空间或社会距离时，更易激发利他性价值共创行为；同时，这种“距离悖论”在自我效能感调节下更为显著，即当个体确信自身捐赠能够切实带来改变时，其参与意愿明显提升。该研究表明，个体的认知与心理因素在捐赠行为中的重要作用，为公益组织设计“心理卷入式”劝募策略提供了理论支持。从价值共创的视角来看，基于主观感知驱动的行为参与，正是实现“共创意愿”向“共创行动”转化的关键心理机制之一。

在教育、文化等公共服务领域，价值共创理论同样展现出广阔的应用前景。例如，Dina von Heimburg 等（2023）在儿童教育领域的研究表明，幼儿园作为协作平台，通过资源动员、规则下沉和民主自治，成功实现了社会包容和公共价值共创；而任萍萍等（2025）则将云数智创新生态与价值共创理论相结合，构建了智慧图书馆的知识服务价值共创生态系统，并重点聚焦于“智慧图书馆 4.0 时代”的生态构建。

价值共创理论为理解数字化公益中多方协作如何共同创造公益价值提供了关键视角。个体的认知与心理机制在共创过程中的激励作用不容忽视，公益组织可以基于此优化劝募策略，激发捐赠者的参与意愿，从而促进价值共创的实现。同时，数字平台的创新机制通过增强用户责任意识与参与动机，有效提升平台与用户之间的互动深度，可以构建跨时段、跨领域的公益价值网络。

上述研究揭示了数字技术与平台机制在价值共创中的驱动作用，强调了多方协同、资源整合在数字环境下解决社会问题、持续创造公共价值的实践路径。然而，数字化公益的迅速扩展也带来了一系列挑战。第一，技术的过度依赖可能加剧数字鸿沟，使数字素养较低的群体边缘化，成为“共创边缘人”。第二，高度数据化可能削弱公益参与中的情感连接，并使个体的行为模式趋于标准化，影响共创过程中的人文维度。第三，平台权力结构的失衡可能导致商业平台主导共创生态，偏离公益初衷。因此，未来研究需进一步探索数字时代价值共创中的权责配置机制，特别是在平台治理与多方协作中如何实现公平、透明与伦理平衡。同时，为保障价值共创在数字化公益实践中的有效落实和公平推进，有必要在价值共创视角下构建适应数字化公益生态的伦理治理框架，以明确共创过程中的权责边界，以及平衡平台与公众之间的行为关系，从而为推动价值共创机制的良性运行与长期信任积累奠定制度基础。

三、复杂系统理论的治理启示

复杂系统理论（Complex Systems Theory）为分析数字化公益中多种相互依存因素提供了框架。在数字化公益的实践中，技术创新、个体行为、社会规范与环境约束等多种因素相互交织，构成了一个高度关联的复杂系统。这些要素之间的动态耦合直接影响公益慈善项目的实际效果与可持续运行。复杂系统理论强调通过系统思维理解多因素之间的相互作用关系，有助于识别数字化公益运行中的问题，并为跨领域、跨组织的协同治理提供理论支撑与操作策略。例如，在数字平台优化公益流程、协调资源配置、提升项目绩效的过程中，不仅需要考虑平台技术的适应性，还必须同时兼顾用户行为路径、参与意愿、制度约束与社会信任等多元变量的交互影响。因此，复杂系统理论不仅提供了理解“系统如何运行”的路径，也为“如何干预系统”提供了应对复杂问题的分析工具。

复杂系统理论最初源于自然科学领域，尤其在物理学中得以发展，其中普利高津的耗散结构理论（Prigogine，1977）为该理论奠定了重要基础。在生物学中，生态系统研究（May，1976）进一步拓展了复杂系统的适用范围。随着跨学科整合的推进，复杂系统理论逐渐应用于社会经济系统（Arthur，1999）和组织管理系统（Anderson，1999）等人工复杂系统中，成为理解非线性演化和系统行为的核心分析工具。其理论的核心观点是：系统由多个互相关联的组成部分构成，整体行为不能通过分析单一元素来准确推演。系统输出往往是局部互动的结果，而非各部分功能的简单叠加（Bar - Yam，1997；Mitchell，2009）。该理论强调“关系优先于实体”的分析逻辑（Bar - Yam，1997），并指出复杂系统对初始条件的高度敏感（Lorenz，1963）与路径依赖性（Arthur，1989），使其演化轨迹难以预测，显著区别于线性系统或简单系统的行为特征。钱学森（1990）也曾指出，复杂系统理论为理解和应对如气候变化、公共卫生等全球性挑战提供了关键的认知框架。

在慈善活动中，复杂系统理论为风险评估、信息传播及公众参与机制的设计提供了新的思路。这一理论强调多变量之间的非线性交互、系统自组织与适应性调整机制，使其在动态变化与高不确定性环境下具有较强的解释力与操作性。具体而言，慈善组织可通过构建复杂适应系统模型，整合外部环境感知与资源调度能力，以更有效地预测和应对自然灾害、疫情等突发事件。例如，在疫情防控期间，部分组织基于动态模型实时调整物资分配策略，提升了整体响应效率。此外，运用复杂网络分析方法识别信息传播系统中的关键节点，能够揭示社交媒体传播中的特征与分布，为公益慈善信息的精准投放提供策略支持。在公众动员方面，采用多主体建模方法模拟个体间的互动与行为演化，有助于洞察公众需求和偏好，进而设计出更具吸引力和互动性的慈善项目，并提出具体的公众参与促进策略（田逢时，2024）。这些方法的应用和实践，体现了复杂系统理论在信息扩散、行为响应机制等方面的理论价值。

从广义视角来看，公益慈善领域本身就是一个多元主体深度参与、动态交互频繁的复杂生态系统，涵盖公益慈善组织、捐赠群体、受益群体、政府及其他社会力量之间的持续互动。随着数字技术的加速演进与社会结构的持续演进，数字化公益的兴起进一步加剧了整个系统的复杂性。例如，典型的公益数字平台借助社交媒体和短视频平台实现了公众的广泛动员，并有效聚合了社会资源以回应各类社会问题。这类基于平台机制的数字化公益活动，呈现多主体交互频繁、结构变化快速以及参与行为不断演化的特征，表现明显的行为涌现趋势。这使得仅依靠线性逻辑难以准确理解其运行机制，而复杂系统理论则为理解其动态运行逻辑提供了更具解释力的分析框架。

从理论视角来看，复杂系统理论为理解数字化公益的发展路径提供了新的分析框架。这一框架不仅揭示了技术创新在推动公益机制变革中的作用，更强调系统中多要素的协同演化，即技术、行为、社会关系与环境变量的相互作用。因此，推动数字化公益的发展，需要突破线性思维，转向复杂适应系统的认知逻辑。未来研究可进一步拓展复杂系统模型在公益实践中的应用维度，重点关注数字技术在资源配置动态优化、公众参与行为演化以及信息传播路径重构方面的作用，增强公益组织在不确定环境下的响应能力与系统适应性。同时，应在数字技术加速发展的背景下，进一步推动复杂系统理论与公益行为机制的深度融合，重点关注信任生成、情绪传播与行为协同等微观互动如何在多主体网络中持续积累，并引发群体响应或系统结构的演化与转变。在方法层面也可结合数字技术应用场景，综合引入复杂网络分析、多主体建模与系统动力学等建模工具，对公益系统中不同角色间的交互关系与反馈机制进行模拟。借助大数据平台、行为追踪技术与实时反馈系统，动态捕捉系统在外部扰动或平台激励下的演化趋势，进而揭示局部行为如何在技术环境中引发整体系统的非预期效应，助力构建更具弹性、更具适应性的数字化公益发展机制。

第四节　数字时代的伦理理论

一、数字伦理理论和公益实践挑战

数字伦理理论（Digital Ethics Theory）为识别和规避数字化公益实

践中的技术滥用与伦理失衡问题，提供了理论视角。在当前的数字化公益实践中，大数据分析、人工智能与区块链等技术手段虽然提升了效率与透明度，但同时也引发了隐私侵犯、数据安全、算法偏见等方面的广泛关注。数字伦理理论关注的核心在于：如何在推动公益效率的同时，保障受益人和公众的基本权利，防止技术滥用，确保公益过程的公平性、正当性与透明度。通过该视角，研究者得以探讨技术进步与伦理约束之间的关系，从而实现效率与规范之间的平衡，确保数字化公益在创造社会价值的同时，不违背基本的伦理原则和社会责任。

数字伦理理论的思想源于20世纪90年代，当时互联网技术的快速普及促使学术界开始思考数字环境下的伦理问题。在其早期发展阶段，信息伦理学（Information Ethics）构成了其理论基础。美国学者James Moor（1985）是该领域的重要奠基者之一，他提出信息社会中的伦理规范应涵盖对个人隐私、信息自由流通与公平接入等核心议题的关注。他的研究强调，信息技术对社会关系与个体权利的重塑，需要系统性的伦理回应。随后，Floridi（2013）进一步扩展了信息伦理学的内涵，推动了该理论在复杂信息环境下的发展。然而，随着人工智能、算法治理与虚拟身份系统的兴起，传统的信息伦理框架已难以全面回应新兴数字问题所带来的挑战。单纯关注信息处理规则已难以应对算法偏见、数字身份虚拟化等新兴问题。在此背景下，数字伦理理论逐步发展为更广义的分析框架，成为理解数字技术与社会价值关系的重要理论路径（Wasserman和Rao，2007）。

在数字化公益场景中，隐私保护、算法公平与公众知情权逐渐成为伦理治理的焦点。这些议题不仅关涉技术运作过程中的正义分配问题，也直接影响公益平台的公信力与公众参与的持续性。首先，隐私问题已经成为数字伦理的核心议题之一。Zuboff（2019）提出了“监控资本主义”，认为平台型企业通过对用户行为数据的采集、分析和商业化运用，实质上构建了一种以技术为中介的控制模式。在这一结构下，用户个体的隐私自主性被弱化，面临系统性侵蚀的风险。在此背景下，包括欧盟《通用数据保护条例》（GDPR）在内的相关法律与伦理框架，试图通过数据最小化、使用目的明确化与平台问责机制的引入，提升数字平台的数据治理能力，以回应公众对隐私保护的核心诉求。其次，算法决策系统中潜藏的偏见与不平等风险也引发了学术界广泛关注。Eubanks（2018）在《自动化不平等》一书中指出，算法模型在社会福利、医疗救助等领域的应用，可能因训练数据、建模假设或目标设定不当而放大既有社会偏见，对弱势群体造成排斥。在此基础上，Binns（2018）提出“道德机器”的理念，强调人工智能系统不仅应符合功能性标准，还应嵌入伦理价值维度，如透明性、公平性与责任可追溯性。这些研究提示我们，在数字化公益的技术架构设计中，必须将伦理原则前置化，避免以效率名义而忽视制度正义与权利平衡。唯有如此，才能构建更具可信度与包容性的公益平台。

数字伦理理论在公益慈善领域的应用，重点在于平衡技术创新与伦理责任，推动形成兼顾效率、公正与透明的伦理规范体系。李正风等（2022）指出，数字素养与技能构成了数字社会中公民“数字化生存”的基础能力，但在我国，这一能力尚未普及，存在显著短板。应对这一问题，需要加强对数字素养的科普宣传，推动教育体系建设，逐步形成覆盖全民、贯通其终身的数字能力提升路径。从全球视角来看，Giorgia等（2022）指出，数字转型为慈善组织带来了便捷的信息共享渠道与在线服务模式，显著降低了公众参与门槛。然而，这一转型也加剧了技术鸿沟的影响，特别是在弱势群体中，由于生活条件与数字技能的限制，他们难以平等地获取和使用数字化公益相关服务。该研究强调，数字技术在公益领域的应用不应仅关注工具便捷性，更应将弱势群体的可及性纳入伦理考量，避免数字化公益在无意中加剧社会不平等。

数字平台在提升公益传播效率和公众参与度的同时，也暴露出一系列伦理风险。陈绪新与张东悦（2024）指出，一些求助者通过虚构事实博取关注，造成了“同情疲劳”，并促使公众对善恶判断趋于私人化、情绪化。同时，信息碎片化、内容良莠不齐等问题也进一步削弱了网络慈善的公信力。为回应这些问题，陈绪新等（2024）提出，从道德规范、行为引导与平台规则3个维度构建系统化伦理体系，不仅有助于减少网络慈善的异化现象，还能增强公众对其正当性的认同与参与意愿。

数字伦理理论的引入，为理解当前数字化公益所面临的伦理挑战提供了新的分析路径。随着大数据与人工智能的深度嵌入，公益平台在数据使用、隐私保护与算法决策中面临一系列制度性难题，包括如何在保障信息透明的同时避免隐私泄露，如何确保算法逻辑不对弱势人群造成隐性歧视，如何建立防范技术滥用的规则体系等。在此背景下，数字伦理研究不仅强调在技术架构中融入伦理原则，更主张构建具备可解释性与问责机制的运行系统，以增强公众对平台的信任与接受度。此外，提升数字素养，特别是数字技能在边缘群体中的普及程度，也应被纳入伦理治理的重要议题。一方面，有助于降低因能力差异而导致的参与门槛；另一方面，提升群体的数字能力也是保障其在数据化社会中平等表达、平等获益的前提。

数字伦理理论为识别数字化公益中可能产生的伦理风险提供了清晰的理论视角，尤其在算法透明、数据治理与平台责任等方面，揭示了新技术应用所带来的伦理挑战与制度空白。未来研究可进一步从 3 个方向展开、深化：一是从制度设计角度，探索如何将伦理原则嵌入平台治理结构中，实现从“技术规范”向“伦理内化”的转化；二是聚焦特定群体，特别是弱势和边缘群体，研究数字素养差异、隐性排斥机制对公益参与行为的影响路径；三是在中国语境下，开展数字伦理理论的本土适配研究。这些方向不仅有助于回应数字技术快速演进背景下的治理需求，也将为数字化公益的发展提供更具操作性的伦理支持。

二、社会资本理论和关系网络重构

社会资本理论（Social Capital Theory）强调社会关系、信任和网络结构在资源流动与社会互动中的关键作用，这一理论在数字化公益慈善领域具有高度解释力。在数字化公益实践中，慈善平台通过促进用户、捐赠者、志愿者与受益人之间的信息共享与互动连接，不断积累与激活社会资本，进而增强公益项目的协同能力与社会影响力。借助这一理论视角，研究者得以深入剖析数字平台如何通过社交网络结构与信任机制推动社会参与和资源流通，为公益活动的可持续发展提供支持。

社会资本理论作为一种理解社会关系如何影响个体与群体行为的理论工具，主要关注信任、规范、互惠与网络在组织行为和公共行动中的功能。该理论的早期探索可以追溯至 19 世纪末，但其系统建构主要依托于 20 世纪下半叶 3 位关键学者的贡献。Bourdieu（1986）在《资本的形式》中首次将社会资本视为一种与经济资本和文化资本并列的资源形式，认为其根植于“相互承认的、持久的网络关系”中，并通过这种关系产生实际或潜在的资源。他还强调，社会资本的获取与社会阶层、权力结构密切相关，精英群体通过封闭性网络实现资本积累与再生产。Coleman（1988）则从功能主义视角出发，提出社会资本是“存在于人际结构之中的资源集合”，强调信任、规范与社会关系有助于协调行动、提升制度效能。他通过教育领域的实证研究表明，紧密的社区网络能够显著降低青少年辍学率。Putnam（2000）则将社会资本的分析上升至宏观层面，提出“社会信任”在提升社会治理效率、促进公共事务管理中的核心作用，并在此基础上区分了黏合型社会资本（Bonding Social Capital）与连接型社会资本（Bridging Social Capital），为分析多元社会整合机制提供了重要工具。

随着信息技术的普及，社会资本理论也逐渐拓展至数字空间。Lin（2001）在《社会资本：关于社会结构与行动的理论》中提出“虚拟社会资本”概念，强调数字平台可以通过“弱关系”促成跨地域资源整合，弥补传统社会资本在覆盖面与动员能力上的局限。然而，Boulianne（2019）发现，算法推荐机制与信息推送的个性化，也可能强化信息回声效应，形成“信息茧房”，进而削弱群体间的认知流动与社会整合。这一双重效应提示我们，数字平台一方面拓展了社会资本的外延，另一方面也制造了新的社会隔阂与结构性风险。近年来，学者进一步拓展了社会资本理论在数字社会中的应用场景。Kavanaugh 等（2017）指出，社交媒体在虚拟社区中的弱连接，增强了社区信任且提升了公共事务参与度。特别是在自然灾害与突发公共事件中，这种基于弱联系的动员模式展现出较强的组织弹性与协作潜力。Alessandro 和 Giovanni（2021）则聚焦地方政府治理中的数字社会资本构建，指出互动性强的在线平台可提升公民获取公共信息的能力，促进协同治理与政策响应效率。经济合作与发展组织（OECD）也推出了数字社会资本测量工具（Digital Social Capital Assessment Tool，DSCAT），该工具通过量化社交媒体互动数据，评估社区的数字联结水平，成功预测了灾害响应能力的强弱。DSCAT 不仅验证了数字社会资本的现实价值，也为公共政策制定提供了数据支持的伦理与方法基础。

社会资本不仅有助于增强社会信任和社区凝聚力，还在优化资源配置、提升慈善项目可持续性方面发挥着日益重要的作用。

关于社会资本与慈善捐赠之间的关系，已有研究呈现较为一致的积极结论。阮刚铭等（2019）基于对 2003—2016 年中国上市公司的实证分析发现，企业的慈善捐赠行为能够显著缓解其融资约束，具体表现为捐赠行为降低了投资对经营现金流的敏感性。这一效应在民营企业、市场化程度较高地区以及规模较大、竞争强度较低的企业中尤为明显。该研究揭示了企业通过捐赠行为积累社会资本，从而改善融资环境的机制路径。李晶与王珊珊（2020）则从政策视角出发，指出我国现行所得税制度中捐赠税前扣除比例偏低、超比例部分结转年限较短等问题，削弱了政策对社会资本介入慈善捐赠的激励效果，研究建议，通过提高扣除比例、延长结转期限等方式，可进一步提升社会资本对慈善行为的驱动能力。

在社区治理层面，社会资本同样被视为推动社区慈善的重要支撑要素。曹袁菲（2022）指出，社会资本的 3 大核心维度（信任、网络和规范）与社区慈善的运行基础高度契合。社区内的信任关系是慈善合作的基础，结构性网络提供了治理运行的通道，社区规范则保障了慈善活动的稳定与延续。伴随数字技术的快速普及，数字平台对公益实践的影响日益显著。杨方方（2024）分析了数字技术赋能慈善事业过程中的“偏离—矫治”路径。她指出，尽管数字化拓展了慈善传播的广度，但实践中出现了平台参与层级单一、环境封闭、组织化慈善存在感下降等问题，造成了技术使用与慈善本质之间的偏离。特别是在个人公益与情绪营销兴起的背景下，传统慈善组织的制度优势未能有效转化为数字参与动能，表明制度设计与数字认知之间仍存在衔接断裂。

在数字众筹领域，社会资本的作用也日益受到重视。Li 等（2022）通过对新浪微公益平台的医疗众筹项目分析发现，外部社会推荐与内部社交传播共同提升了筹款绩效。尤其在医疗场景下，外部社会资本通过推荐与转发机制显著增强了捐赠动员力，说明社会资本在数字慈善传播中的作用不仅体现在网络结构上，也影响着情感动员与信任传递的质量。在线捐赠行为方面，王夫寿（2021）基于对江苏省 17 所高校学生的调查研究指出，无论是在线连接型社会资本（跨社群的松散连接），还是黏合型社会资本（紧密的内部社群关系），都对大学生的捐赠行为具有显著促进作用。其中，后者对捐赠意愿的影响更为显著，说明强关系链条在推动数字公益参与中的关键作用。该研究进一步验证了，社会资本不仅通过扩展信息接触面影响行为动员，也通过增强情感纽带提升捐赠意愿与行为转化率。

无论是在企业慈善中缓解融资约束，还是在社区治理中提升协同效率，抑或在数字平台环境下拓展资源链接与情感动员，社会资本都展现出较强的解释力与实践引导意义。伴随数字化、网络化进程的加快，社交媒体与在线捐赠平台所构建的互动网络，不仅扩大了社会参与的覆盖面，也为社会资本的积累与再分配提供了新的载体，推动了公益慈善体系的结构性演进。然而，在社会结构与技术工具持续变化的背景下，如何保障社会资本在数字空间中的有效生成、转化与应用，仍面临理论与实践的双重挑战。制度规范不完善、平台治理能力不足、用户信任机制薄弱等问题，可能削弱社会资本的正向功能，甚至诱发“圈层隔离”“社交疲劳”等负面效应。同时，数字伦理理论的介入将为社会资本的可持续运行提供必要的价值边界与行为规范。该理论在数据保护、隐私治理与算法透明等关键议题上，强调技术应用必须以尊重个体权利和维护公平正义为前提。尤其是在数字平台深度介入慈善活动的当下，如何通过伦理机制防止技术滥用、强化公众信任，成为维系社会资本运作正当性的重要前提。因此，未来的研究应进一步探索数字平台在社会资本生成中的具体作用机制，系统评估不同社交结构对资源动员、信任建设和公共参与的影响路径。同时，也需加强对平台责任边界、数据伦理规范和算法公平性的交叉考量。

三、技术社会化理论和风险控制

技术社会化理论（Technology Socialization Theory）关注个体如何通过社会化过程逐步适应并采纳新技术。在数字化公益领域，该理论有助于解释捐赠者、志愿者与受益者如何通过互动、引导与教育逐渐理解并熟练使用平台功能，从而提升数字素养和公益参与感。借助此视角，研究者可以探讨通过培训、社区营造等方式促进各类群体融入数字化慈善实践，实现技术与社会行动的有机融合。不同于传统技术接受模型或创新扩散理论侧重理性决策，技术社会化理论将技术使用视为一个嵌入社会网络与文化结构的过程，强调社会环境、规范与关系对个体行为的塑造。Venkatesh 与 Davis（2000）指出，技术采纳常通过群体互动与社会认同逐步实现，而非孤立的个人决策。技术社会化理论为理解技术在现实语境中被接受与调整提供了更具情境性的分析框架。

技术社会化理论创新主要体现在 3 个方面：一是意义共建，Orlikowski（1992）指出，技术的意义是在社会互动过程中通过集体建构生成的，这一过程受他人经验与主流认知的共同影响；二是文化嵌入，Barley（1986）指出，技术在不同文化中会发生本土化重构，受地方知识与亚文化的影响；三是权力关系，Fischer（1992）强调，技术扩散受社会结构与资源博弈制约，技术被采用往往与平台主导方、制度环境密切相关。

21 世纪以来，技术社会化理论在数字平台、社交媒体与大数据等新兴领域不断拓展，尤其在技术普及与网络环境重构下，个体对新技术的适应愈发体现出社会化路径的多样性（Ellison 等，2007）。相关研究已涵盖“数字原住民”的技术习得方式、跨文化技术采纳差异，以及人工智能与算法推荐所引发的“算法社会化”现象，形成了理论的多维延展。Liu 等（2019）指出，用户在社交互动中通过“学习—反馈—内化”过程主动建构平台使用经验，表明技术不再由个体单向采纳，而是在社交网络中不断协商与重构。Zhao 等（2021）则发现，人工智能推荐系统逐渐取代传统的人机交互路径，使用户行为日益受到系统引导，技术适应过程呈现“算法驱动”的社会化特征。Wang 和 Ma（2020）进一步指出，在大数据环境中，个体的决策逻辑从经验判断转向数据分析主导，技术采纳路径愈发复杂。与此同时，Goh 和 Ang（2020）的研究显示，亚洲与西方用户在社交媒体使用方式与认知逻辑上存在显著差异，文化背景在塑造技术适应过程中的作用不容忽视，进一步拓展了技术社会化理论的“文化嵌入性”维度。

技术社会化理论广泛引入公益慈善领域后，主要用以解释公众如何通过平台互动逐步适应数字化捐赠行为。公益慈善本身具有多主体协作与复杂互动的特征，而社交媒体、众筹平台和大数据工具的嵌入，正在改变传统公益的运行机制，并提升其效率、透明度与互动性。技术社会化理论有助于揭示社交平台如何通过社会网络推动公众参与。例如，Zhang 与 Li（2022）发现，用户在微信“朋友圈”或社交圈看到他人捐赠行为后，更可能参与其中，从而形成集体性社会动员。这种通过互动关系实现的社会化路径，不仅扩展了慈善活动的影响范围，也增强了用户的行为黏性。基于数字平台上的社会互动能促进技术使用的内化与扩散。Chen 与 Zhang（2022）以“腾讯公益”为例指出，线上互动能够促使用户在群体行动中逐步习得平台操作逻辑，使捐赠行为从一次性参与转向常态化参与，推动公益活动的规模化演进。虚拟社区的兴起进一步拓展了技术社会化的深度与广度。Li（2023）通过“蚂蚁森林”案例表明，用户在平台中通过游戏化机制与环保行为联动，不仅实现了公益参与，还在持续互动中形成了社区认同。

技术社会化理论不仅为数字公益平台在吸引、保留和激活用户方面提供了解释框架，也揭示了技术、社会与文化之间的互动机制。它一方面阐释了微观层面的个体学习过程，另一方面也有助于从宏观角度理解技术如何通过社交网络、情感共鸣与文化适配，在公益领域实现社会扩散与行为转化。

技术社会化理论为理解数字化公益中公众如何接触、学习与内化技术工具提供了重要视角。在公益慈善实践中，社交媒体、虚拟社区与数字平台通过互动机制和社群建构，促使用户逐步适应数字化参与方式，推动了公益活动的规模化、情感化与社交化演进。随着人工智能、算法推荐和大数据技术的广泛应用，技术社会化理论在数字化公益中的适用边界正在延展。未来研究可从以下几个方向进一步深化：第一，关注“算法社会化”背景下个体如何与平台智能系统互动，并在算法主导的环境中形成行为惯性与信任机制；第二，探讨技术社会化在不同社会群体中的差异路径，特别是在弱势群体与低数字素养人群中的适配性与包容性问题；第三，结合平台治理与伦理考量，系统评估技术社会化过程中信息引导、公平接入等机制对公益生态的长期影响。

第三章

数字技术的应用发展

第一节 智能技术集群

一、人工智能技术的发展和突破

人工智能（Artificial Intelligence，AI）是一门融合计算机科学、数学、心理学等多学科的方法体系，旨在赋予机器感知环境、推理判断、自主决策和执行复杂任务的能力（Fahle 等，2020）。从最初基于规则的逻辑系统，到能够自主适应环境的学习型智能体，人工智能经历了符号主义、连接主义与行为主义等多种技术路径的演化（Vrontis 等，2022）。这一过程体现了其从“模拟人类逻辑”向“构建机器智能”的理论转变。

在人工智能的众多实现方式中，机器学习（Machine Learning，ML）被认为是实现智能系统最具代表性的路径之一。机器学习不依赖人工设定规则，而是借助大规模数据，发展出可自动学习规律和模式的算法机制（Howard，2019）。通过特征提取、模型训练与参数优化等过程，机器得以基于历史数据持续改进预测或决策表现。与传统编程相比，这种方法更适合应对结构复杂、变量众多的问题场景，如分类、回归与聚类等。

深度学习（Deep Learning，DL）则是机器学习的一个重要分支，其核心在于构建多层神经网络以实现端到端的表征学习（Deng 和 Yu，2014）。这种方法源自对人脑神经活动机制的模仿，通过建立由输入层、多个隐藏层与输出层组成的网络结构，系统能够自动提取数据中的层级特征，尤其在图像、语音与文本等非结构化数据处理任务中表现出色（Arinez 等，2020）。其高效的信息抽象能力，使其成为当前人工智能应用中的关键技术之一。

在公益慈善实践中，人工智能、机器学习与深度学习等数字技术的引入，为组织处理复杂信息与多源数据提供了新的技术路径。人工智能以模拟人类智能为基础，具备识别模式和执行任务的能力，可用于资源与需求之间的自动匹配、捐赠行为分析及应急响应优化等多种场景。相比之下，机器学习侧重于通过数据驱动的算法模型不断学习与调整，使公益组织能够在应对不确定性和环境变化中，提升策略制定的时效性和适应性。深度学习则在图像识别、语音处理和文本理解等非结构化信息分析方面展现出显著优势，广泛应用于识别受助对象、分析传播内容或提取社会情绪等领域。这些技术的结合，推动了公益组织决策机制从经验判断向数据支持转变，在提升资源配置效率的同时，也拓展了公益活动的社会影响力，彰显了数字化手段在公益价值实现过程中的深度介入能力。

二、核心技术体系解析

（一）图像识别与计算机视觉

以卷积神经网络（CNN）为代表的计算机视觉技术，已成为深度学习领域的核心突破之一（Krizhevsky 等，2012）。卷积神经网络通过卷积层提取局部特征、池化层降维保留关键信息、全连接层实现分类（Srivastava 等，2014），在图像分类、物体检测等任务中取得了显著进步。这一技术已广泛应用于自动驾驶中的环境感知（Holzinger 等，2019）、医学影像分析（Liu 等，2019）等领域。

（二）自然语言处理

自然语言处理技术旨在赋予计算机理解与生成语言的能力。随着自然语言处理技术的发展，注意力机制的引入显著提升了翻译质量（Wu 等，2016），并为后续模型创新奠定基础。Transformer 架构（Vaswani 等，2017）通过自注意力机制实现了端到端建模，BERT（Devlin 等，2019）等双向编码模型进一步加强了语义理解能力。该技术已广泛应用于语音助手、自动摘要与情感分析等领域，助力组织理解用户偏好与分析公共舆情（Khosravi 等，2020；Tyen 等，2022；Pereira，2021）。当前，大语言模型（LLM）通过增强生成与迁移学习能力，持续重塑自然语言处理范式（Chowdhery 等，2022）。

（三）语音识别与语音合成

语音识别通过将语音信号转化为文本，使计算机能够理解自然语言指令（Jiang 等，2020）。深度神经网络（DNN）的引入显著提升了识别准确率，尤其在嘈杂环境下表现优异。与此同时，波网（WaveNet）及生成对抗网络（GAN）技术推动了合成语音在自然度与情感表达方面的提升（Goodfellow 等，2014）。基于语音识别与合成的智能客服、车载系统和智能家居应用，正在加速无接触、实时交互模式的普及。

（四）推荐系统

推荐系统通过分析用户历史行为和偏好，实现个性化内容推送（Cheng 等，2023）。传统方法如协同过滤与内容推荐在处理稀疏性和复杂特征交互上存在局限。深度学习引入后，推荐系统能够通过深层网络对用户潜在偏好进行建模，显著提高推荐准确性和个性化水平。电商、社交媒体及视频平台中，推荐系统已成为优化用户体验与提升商业转化的核心技术。

（五）智能决策与预测

智能决策与预测技术通过分析大规模历史数据，帮助组织识别规律、预测趋势，增强科学决策能力。机器学习模型在处理非线性、复杂环境下表现优异，如在金融市场趋势预测（Yin 等，2020）、气象变化分析（Camporeale，2019）与客户关系管理优化（Tudoran，2022）中已广泛应用。深度学习进一步增强了对复杂动态系统的建模能力，在能源调度、公共安全预警等领域展现出强大的适应性（Abdar 等，2022）。

（六）自主机器人

自主机器人融合了人工智能、机器学习与深度学习技术，具备环境感知、自主导航与任务执行能力（Gumbs 等，2021）。依托视觉识别与路径规划算法，机器人可在工业制造中实现质量检测与流程控制（Sundaram 和 Zeid，2023）。借助深度学习与环境反馈优化算法，自主机器人在智慧物流、无人配送与远程医疗等新兴领域展现出显著潜力。

（七）强化学习

强化学习（Reinforcement Learning，RL）通过智能体与环境的持续互动，依据奖励反馈优化决策路径（Soori 等，2023）。该方法广泛应用于自动驾驶、游戏 AI 与机器人控制（Minar 和 Naher，2018）。在实际应用中，强化学习使自动驾驶系统能够适应复杂路况，使机器人不断调整行为以完成搬运、抓取与避障等任务，在动态环境中展现出优异的执行与应变能力。

三、技术战略价值评估

为了系统地评估各种关键技术在公益慈善领域的应用性，本书设计了一个基于三维坐标的战略选择分析框架。该框架从可行性、适配性与经济性 3 个方面，对关键技术进行综合评估。

具体而言，在三维坐标系中，X 轴表示技术复杂度，反映技术在实现过程中所需的算法深度、系统集成程度及计算资源消耗。以技术接受模型（TAM）中的感知易用性为理论基础，强调复杂度对组织技术采纳意愿与实施能力的实际影响，是判断技术可行性的核心因素。Y 轴为公益适配度，衡量技术在公益场景中的应用成熟度和任务契合度。结合任务技术匹配理论，强调技术应与公益慈善组织所承担的任务目标保持高度匹配，在资源配置、决策辅助、数据处理与公众互动等环节体现实用价值。Z 轴则表示技术的资金需求，对应资源依赖理论的资源约束视角，用于评估技术部署与运行过程中所需的经济投入，反映非营利组织在有限资源下的现实决策基础。

基于上述三维坐标系，本书绘制了不同技术的战略选择图谱，用于直观呈现各类技术在公益慈善场景中的综合表现。该战略分析图有助于公益组织在资源有限、需求多元的背景下，识别可行、适用且成本可控的技术路径，从而为实际的技术部署与战略规划提供一定参考。

在本书构建的战略选择地图中，人工智能的 7 类关键技术分布如图 3－1 所示，具体结果阐述如下：

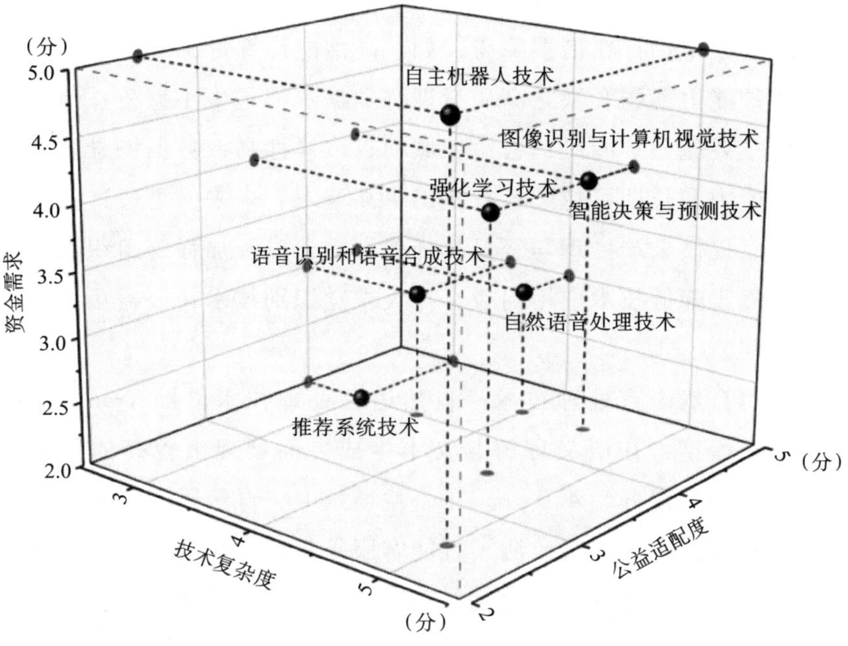

图 3－1　人工智能关键技术的战略分布三维结构

注：图像识别与计算机视觉、智能决策与预测，二者评分一致，图中为重合点。

第一，图像识别与计算机视觉技术。图像识别与计算机视觉技术依托卷积神经网络实现自动化特征提取与高效分类，算法结构复杂，涉及大量参数优化与深层网络设计，对计算资源和大规模训练数据的依赖度较高，技术复杂度评分为 4.5 分。在公益场景中，该技术可以广泛应用于灾害响应的受灾区域识别、医疗援助的疾病图像分析和环境监测中的变化检测等任务，能够有效提升判断效率与执行精度，公益适配度评分为4.5分。由于模型训练、部署及后期维护需要较高的计算能力和数据资源支持，整体资金投入相对较大，资金需求评分为4.0分。因此，图像识别与计算机视觉技术整体定位于高技术复杂度、高公益适配度、中高资金需求区域，适合应用于对实时性、准确性要求较高的公益项目，如灾害救援快速反应系统、远程医疗影像辅助诊断平台和生态环境保护监测体系等。

目前，已有一些公益机构探索通过卫星遥感图像识别受灾区域变化，或利用医学图像辅助诊断平台支持远程健康干预。然而，该技术在实际推广过程中仍存在诸多障碍，如，高性能计算资源不足、专业模型开发与维护能力薄弱和缺乏高质量训练数据等都是中小型公益组织应用该技术的主要瓶颈。同时，公益领域项目多样性高、数据场景复杂，对模型泛化能力和长期可持续运行提出更高要求。未来，需通过促进开源模型普及、提供云端推理与轻量化部署方案，以及加强跨组织数据协作与共享，逐步降低技术应用门槛，扩大视觉识别技术在公益场景中的实际落地空间。

第二，自然语言处理技术。自然语言处理技术借助 Transformer 架构与大语言模型，在语义理解与文本生成方面展现出较高的技术复杂度，技术复杂度评分为4.0分。在公益场景中，自然语言处理技术被广泛应用于在线问答、舆情监测、智能客服等领域，能够有效提升公益服务的互动性、响应速度与透明度，公益适配度评分为4.5分。随着开源预训练模型的普及与部署框架的优化，自然语言处理技术的应用门槛有所降低，部署与运维成本相对适中，资金需求评分为3.0分，整体位于中高复杂度、高适配度、适中成本的区域，适合中小型公益组织在特定应用场景中灵活引入。

目前，一些公益类项目已经利用智能客服系统辅助捐赠咨询流程，或通过舆情监测工具实时捕捉公众关注议题，从而提升信息沟通效率与社会响应能力。尽管相关应用初见成效，但在实际推广过程中仍面临诸多挑战。如，在公益领域的特定语境中，预训练语言模型存在理解偏差与语义泛化能力不足的问题，限制了智能交互系统的准确性；公益组织在模型个性化微调、敏感数据保护及生成内容审查等方面普遍缺乏技术支撑，使得系统部署与运维面临较高复杂度与合规风险。未来，亟须通过构建专属公益语料资源、引入可控文本生成机制，以及完善隐私保护与伦理治理体系，逐步推动自然语言处理技术在公益场景的应用更加精准、安全可信。

第三，语音识别与语音合成技术。语音识别与语音合成技术是基于深度学习的语音建模方法，能够实现自然语言的实时转写与生成，整体算法结构适中，技术复杂度评分为3.5分。在公益场景中，该技术被广泛应用于智能客服、无障碍辅助服务、远程志愿交互等领域，能够有效提升服务覆盖率与用户体验，公益适配度评分为4.0分。得益于开源语音识别框架与云端部署服务的发展，该技术落地成本相对适中，资金需求评分为3.0分。因此，语音识别与语音合成技术整体定位于中等技术复杂度、中高公益适配度、中等资金需求的区域，适合在多类公益项目中灵活应用，特别是在提升信息可达性与沟通无障碍方面展现出重要潜力。

目前，一些公益项目已在智能客服系统中引入语音识别模块，简化了捐赠咨询、信息查询等流程；在无障碍辅助服务中，语音合成也为视障人士和老年群体提供了更为便捷的互动体验。然而，现有语音识别系统在多方言、口音变化及嘈杂环境下的适应性仍显不足，同时，公益组织在高质量语音数据采集、模型个性化训练与部署资源方面存在严重的短板，增加了技术落地的复杂性与实施压力。

第四，推荐系统技术。推荐系统技术依托协同过滤、内容推荐及深度学习建模方法，能够实现资源与需求之间的智能匹配，整体算法结构较为成熟，技术复杂度评分为3.0分。在公益场景中，推荐系统可以应用于捐赠项目个性化推送、志愿者服务匹配、公益内容分发等领域，有助于提升公众参与度与捐赠转化率，公益适配度评分为4.0分。由于现有推荐引擎框架较为丰富，部署成本与运维压力相对较低，资金需求评分为2.0分。因此，推荐系统整体定位于中等技术复杂度、较高公益适配度、低资金需求的区域，尤其适合资源有限的中小型公益组织在提升互动性与精准服务水平中灵活应用。

目前，个别平台已经开始探索通过基于兴趣标签与历史行为记录的初步个性化推送机制，尝试优化捐赠内容推荐与志愿者招募流程，以提升用户黏性与资源配置效率。这类应用主要集中在定向邮件推送、活动推荐与简易标签分类方面，尚未形成复杂的智能推荐系统。整体来看，公益领域在推荐系统技术上的应用仍处于探索期，个性化程度有限，依赖的数据基础与算法深度也有较大提升空间。

第五，智能决策与预测技术。智能决策与预测技术基于机器学习与深度学习方法，能够处理复杂的非线性数据，挖掘潜在规律，辅助科学决策，整体技术复杂度评分为4.5分。在公益场景中，该技术被广泛应用于资源调度优化、风险预警评估、项目成效预测等领域，具有较强的适配性，公益适配度评分为4.5分。然而，由于模型开发、数据积累与系统部署要求较高，实施成本相对较大，资金需求评分为4.0分。因此，智能决策与预测技术整体定位于高技术复杂度、高公益适配度、较高资金需求的区域，主要适用于预算相对充足且具有一定数据基础与技术支持能力的中大型公益项目。

目前，在资源分配优化、救援响应调度与项目成效预测等方面，一些公益项目已经使用智能决策与预测技术提供辅助决策支持，展现了数据驱动提升公益项目科学性与前瞻性的潜力。然而，实际推广中，数据质量不高成为首要制约因素，许多公益组织在数据采集、标准化管理与持续更新方面仍存短板，导致模型训练效果受限。与此同时，模型开发与解释的专业技术要求较高，限制了中小型机构的独立应用能力，使决策系统的部署与维护成本难以下降。更重要的是，智能预测在动态环境中不可避免存在误差，当预测结果偏离实际时，可能引发资源配置失衡或服务决策失误，加剧了公益场景中对系统可解释性和责任划分的敏感性。未来需要在夯实数据基础、提升模型透明度与增强决策反馈修正机制等方面持续努力。

第六，自主机器人技术。自主机器人技术融合了环境感知、路径规划与强化学习等多种复杂技术模块，整体算法结构高度集成，技术复杂度评分为5.0分。在公益场景中，该技术目前主要集中在特定领域的探索性应用，如灾害救援、远程医疗辅助等，但整体适配度仍偏低，公益适配度评分为2.5分。由于自主机器人系统对硬件配置、环境感知精度与算法优化能力要求极高，开发与部署成本也显著高于其他技术路线，资金需求评分为5.0分。因此，自主机器人技术目前在公益领域定位于高技术复杂度、低公益适配度、高资金需求的区域，短期内多局限于预算充足、具备高水平技术支持能力的少数试点项目，整体应用仍处于初步探索阶段。

在公益领域，自主机器人技术正被引入灾害响应和远程医疗等特定场景，尝试通过智能导航与自主作业提升作业效率与安全性。例如，卡内基梅隆大学（Carnegie Mellon University）的研究展示了自主飞行机器人在自然灾害后多房间探索中的潜力，通过激光雷达技术，机器人高效识别环境，可以显著提高救援效率。这类应用在极端环境应对和人员接触受限条件下，初步展现了拓展公益服务边界的潜力。然而，技术部署与规模化应用仍面临诸多制约。自主机器人系统对高精度感知、复杂路径规划与动态环境适应能力的要求极高，而多数公益组织缺乏相应的技术储备与运维能力，使系统引入的门槛与维护成本难以得到有效控制。同时，机器人在多变的任务环境中面临的稳定性、决策可靠性及伦理风险问题，也为公益场景下的大规模应用带来巨大不确定性。未来，需依托模块化设计、低成本硬件优化与跨机构技术协作，逐步降低自主机器人技术的应用门槛，并在关键场景中优先实现示范应用，探索可行的发展路径。

第七，强化学习技术。强化学习通过智能体与环境的持续互动，基于奖励反馈机制优化行为策略，擅长解决动态变化环境下的优化与长期决策问题，整体技术复杂度评分为4.5分。在公益场景中，该技术可应用于智能资源调度、动态志愿者匹配、灾害响应优化等任务，具备一定的适应性，但实际落地案例仍较少，公益适配度评分为3.5分。由于强化学习模型训练对数据量、环境模拟与计算资源有较高要求，部署成本较高，资金需求评分为4.0分。因此，强化学习技术目前整体定位于高技术复杂度、中等公益适配度、较高资金需求的区域，主要适用于资源充足或具备复杂决策需求的公益试点项目，实际应用仍处于探索和验证阶段。

尽管目前强化学习技术应用仍处于试点阶段，但已有研究表明，其在提升决策效率和适应性方面具有显著潜力。但在实际推广过程中，该技术面临明显制约。强化学习模型训练对数据量与环境模拟精度有较高要求，而多数公益组织的数据积累有限且缺乏可复用的动态交互环境，导致训练成本高企且收敛效果受限。同时，强化学习系统本身的决策过程透明度较低，策略结果往往难以解释，从而增加了在公共资源配置场景中的应用风险。因此，需要通过发展小样本强化学习、提升模型可解释性，并结合相关领域知识引导训练，逐步降低技术门槛，扩大强化学习在公益领域的可应用空间。

四、公益应用展望

上述7种关键技术在公益领域展现出差异化的应用潜力与发展特点。图像识别与计算机视觉、智能决策与预测技术在技术复杂度与公益适配度方面均表现突出，位于战略选择图谱的高潜力区，且已在灾害监测、医学诊断与资源调度等场景展现出显著成效，但高昂的部署与运维成本对资金资源形成了较大压力。自然语言处理和语音识别与语言合成技术则以相对适中的复杂度与较高的公益适配性，成为提升服务效率、公众互动与舆情响应能力的重要支撑，适合在中小型项目中推广应用。推荐系统凭借算法成熟与实现简便的优势，在资源精准匹配、志愿者管理与捐赠动员等方面展现出较强适应性，其较低的技术门槛与资金需求，使其成为各类公益组织普遍可行的技术选项。相比之下，自主机器人与强化学习尽管具备高度潜力，但受限于系统复杂性、应用场景限制与资金门槛，目前仍主要处于探索与试点阶段，尚需持续验证与优化。

尽管人工智能各项关键技术在系统化集成应用中能够形成协同效

应，但在实际公益实践中，中小型公益组织可以灵活部署某种单项技术，且同样具有重要价值。图像识别与计算机视觉技术可独立应用于灾害地图绘制、受灾情况快速评估等场景，帮助提升应急响应效率；自然语言处理技术即使在轻量部署下，也能通过文本识别、情感分析与主题提取等功能，帮助公益组织更及时捕捉公众情绪与议题变化，优化沟通策略与服务响应，增强对社会需求的敏感度与适应能力；语音识别与语言合成技术能够支持无障碍信息访问、捐赠热线智能化等，降低沟通门槛，扩大服务覆盖面；推荐系统可以通过采用基础协同过滤，在志愿者管理与捐赠者关系维护中实现初步个性化匹配或公益慈善信息推送等；智能决策与预测技术可应用于小规模的资源配置、风险预警等场景，辅助组织在有限数据条件下做出更科学的决策；自主机器人技术虽复杂，但局部应用于高危环境探测与远程物资递送，能够有效提升特定场景下的公益行动能力；强化学习则可在动态任务分配、小范围资源优化等任务中独立应用，为提升系统自适应能力提供支持。

未来，技术的迭代与开源平台的普及，有望降低部分技术的部署门槛。例如，图像识别与自然语言处理等技术，依托模型复用、训练效率优化与轻量化部署，将加速向中低成本公益项目普及。同时，高阶技术如自主机器人与强化学习可以通过跨领域协作、资源整合与试点示范，引导其在公益场景中的逐步落地，逐步突破资金与场景的双重瓶颈。总体而言，通过灵活选择适配技术、积极推进小规模试点与多方协同创新，公益组织有望在服务能力与资源配置效率双重提升的基础上，逐步迈向更智能化、更精准化的公益生态体系。

第二节　可信连接技术集群

一、区块链技术架构与演化

区块链技术是一种基于密码学原理构建的分布式账本架构，其核心特征是通过去中心化网络节点间的共识机制实现数据验证与存储。该技术由链式数据结构、分布式共识算法和非对称加密体系 3 大组件构成：区块通过包含交易哈希（Merkle 树根）、时间戳和前序区块哈希值形成不可逆时序链条（Nakamoto，2008）；采用工作量证明（PoW）或权益证明（PoS）等机制确保节点间账本一致性（Buterin，2014）；依托 Diffie－Hellman 密钥交换协议实现身份验证与数据完整性（Diffie 和 Hellman，1976）。

相较于传统数据库，区块链通过数学算法实现去信任化价值传输（Szabo，1997），单个区块篡改需重新计算后续所有哈希值的特性使其具备抗审查能力（Tschorsch 和 Scheuermann，2016），每个区块包含一定时间内的交易数据、前一区块的哈希值以及时间戳等信息（Preneel，1994；Bakhtiari 等，1995），并通过密码学技术，确保数据的完整性和安全性，使区块链上的交易在无信任的环境下能够被验证和记录。当前，该技术已形成 3 大应用方向：比特币网络日均处理 50 亿美元跨境结算（Coin Metrics，2023），以太坊平台已部署超 4500 万个智能合约地址，推动去中心化应用（DApps）（Electric Capital，2023），以及星际文件系统（IPFS）协议引领的分布式存储革命（Benet，2014）。

二、核心技术体系解析

（一）共识机制技术

共识机制技术是区块链实现分布式账本一致性的关键环节，常见形式包括工作量证明、权益证明和拜占庭容错（BFT）（Bhat，2024）。不同机制在性能、安全性与能耗之间存在权衡（Catalini 和 Gans，2016）。例如，比特币采用工作量证明机制，去中心化程度高但能源消耗大；以太坊智能合约平台向权益证明机制过渡，能效更高但存在权益集中风险；拜占庭容错则通过节点间投票达成一致，适用于联盟链场景，具有高效、低延迟的特点。

（二）加密技术

加密技术是保障区块链数据安全与隐私的重要手段，主要包括哈希函数和公私钥加密体系（Tiwari，2023；Narayanan 等，2016）。哈希函数能将数据映射为固定长度的哈希值，具备不可逆性和抗篡改性，以确保链上数据的完整性。公私钥加密体系允许用户进行加密签名与身份验证（Kosba 等，2016），在公益项目的交易认证、数据传输与隐私保护中发挥着关键作用。

（三）分布式存储技术

区块链采用分布式存储架构，将数据分散保存在多个节点，避免了单点故障（Cangir 等，2021）。每个节点持有完整账本副本，增强了系统的容错性与数据安全性（Tapscott 和 Tapscott，2016）。在公益场景中，分布式存储技术有助于增强捐赠数据、项目信息与资源流转记录的可靠性与可追溯性。

（四）智能合约和去中心化应用技术

智能合约是部署在区块链上的自动执行协议，可在无中介的情况下依据预设条件自动完成操作，依托区块链的透明性和不可篡改性，确保按约履行（Buterin，2014；Liu 等，2024）。以太坊智能合约平台等已广泛支持智能合约和去中心化应用的开发，可以推动公益透明化管理、自动化捐赠发放及身份认证等应用的探索。

三、技术战略价值评估

基于前述三维战略选择框架，图 3 - 2 展示了区块链 4 类关键技术在公益慈善领域的技术复杂度、适配性与资金需求的综合定位。

第一，共识机制技术。共识机制技术（如工作量证明、权益证明和实用拜占庭容错）是实现多节点数据一致性的基础技术，结构复杂，涉及密码学运算与分布式协调，技术复杂度评分为4.0分。在公益场景中，受限于算力消耗和能耗压力，整体公益适配度较低，评分为3.0分。其中，工作量证明机制能源消耗极高，与公益领域强调低碳发展的目标相冲突，而权益证明和实用拜占庭容错等机制虽然优化了能耗，但在节点管理、准入门槛和治理复杂性上，仍对公益组织提出了较高要求。此外，公益组织通常资源有限，难以承担大规模链上运算和节点维护成本，导致资金需求偏高，评分为4.0分。因此，共识机制技术在公益领域整体处于高技术复杂度、低公益适配度、高资金需求的区域。

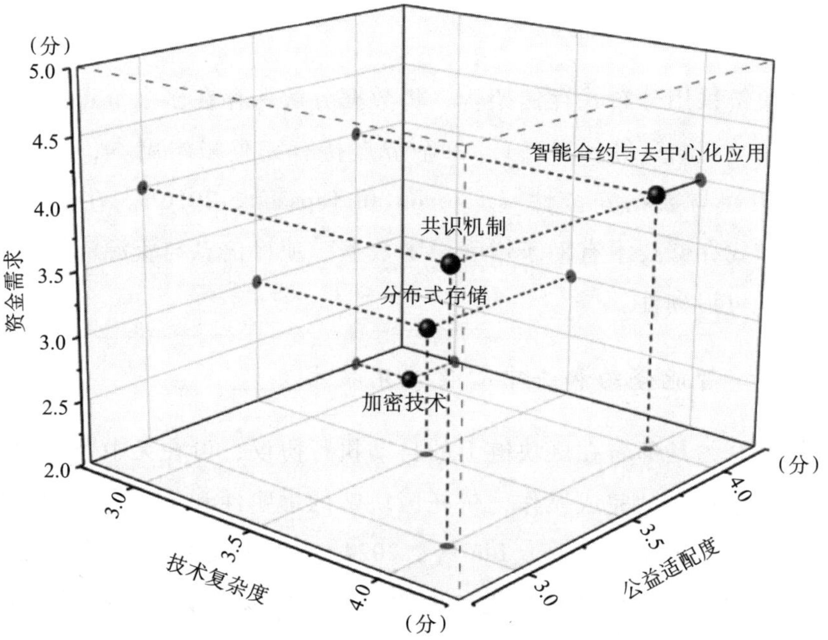

图3-2 区块链关键技术的战略分布三维图

针对挑战，部分公益项目开始探索轻量化共识机制或许可链设计，力求在确保数据可信的同时，降低技术门槛与能耗负担，提升实际应用可行性。例如，一些联盟链平台通过引入改进型实用拜占庭容错共识，减少节点计算压力，使中小型公益机构也能以较低成本接入，逐步推动公益数据透明化与信任机制建设。

第二，加密技术。加密技术主要用于数据安全保障与隐私保护，涵盖哈希算法、对称加密、非对称加密和数字签名等多种形式。其算法设计与实现复杂度适中，在公益组织具备基本技术条件的情况下，能够较为顺利地部署和运维，因此技术复杂度评分为3.0分。在公益场景中，加密技术广泛应用于捐赠记录存证、项目执行信息保护等关键环节，通过有效防止数据篡改与泄露，提升了信息透明度与隐私保护水平，整体公益适配度评分为4.0分。此外，加密技术的引入对硬件资源和能耗要求较低，部署和运维成本相对可控，资金需求评分为2.0分。整体来看，加密技术在公益领域位于中等技术复杂度、高公益适配度、低资金需求的区域，适合在中小型公益组织中广泛推广应用。

目前，已有部分公益平台通过哈希算法对捐赠记录进行数字指纹存证，或采用端到端加密（E2EE）技术保护捐赠人隐私。加密技术的应用，使公益组织在无需搭建完整区块链系统的情况下，局部实现了数据防篡改和隐私保护，提升了平台的可信度。然而，由于部分公益组织技术能力有限，在加密策略配置或密钥管理上可能存在漏洞，同时缺乏链式数据支撑，也容易导致监管和审计执行困难，增加取证难度。因此，公益组织在应用加密技术时，需要同步完善数据治理体系与信息公开机制，在隐私保护的同时，兼顾透明监管的需求。

第三，分布式存储技术。分布式存储技术通过多节点备份与数据分散管理，提升了信息安全性与抗篡改能力，其算法设计与部署复杂度适中，技术复杂度评分为3.5分。在公益场景中，分布式存储技术有助于提升捐赠记录、项目档案和物资流转数据的透明度与完整性，特别适用于善款流向监控、救援资源跟踪等数据密集型公益项目，整体公益适配度评分为3.5分。其系统搭建与运维对硬件资源与能耗的要求处于中等水平，资金投入相对可控，资金需求评分为3.0分。因此，分布式存储整体处于中等技术复杂度、中等公益适配度、中等资金需求的区域，适合在信息量大、需保障数据可追溯性的公益项目中广泛应用。

若干公益项目探索将分布式存储与轻量化区块链架构结合应用，以在降低技术门槛的同时，强化数据管理能力。例如，中国妇女发展基金会“母亲微笑行动”项目引入基于金链盟区块链底层平台（FISCO

BCOS）的区块链存证技术，结合分布式节点管理，将志愿服务记录和救助数据存证上链，提升了信息透明度与不可篡改性，为公益组织构建了较低成本、高可信度的数据管理方案。

第四，智能合约和与去中心化应用技术。智能合约作为自动化执行预设规则的计算协议，结合去中心化应用的部署，能够实现无中介、透明高效的交易与数据处理。由于涉及链上逻辑编程、安全验证和系统集成，技术实现难度较高，技术复杂度评分为4.0分。在公益场景中，智能合约可用于自动化捐赠分发、项目执行进度追踪及结果公示，有助于提升透明度与执行效率，整体公益适配度评分为4.0分。然而，智能合约的开发、测试与审计流程复杂，安全性要求高，项目部署通常需要较高的人力与技术投入，资金需求评分为4.0分。因此，智能合约与去中心化应用技术整体处于高技术复杂度、高公益适配度、高资金需求的区域，较适合资金充足与技术能力较强的公益组织采用。

为进一步推动智能合约在公益领域的应用，部分平台开始探索结合低代码开发、标准化智能合约模板与联盟链部署模式，降低开发门槛并提升系统安全性。例如，腾讯公益在“99公益日”活动中，通过微众区块链提供的FISCO BCOS底层支持，采用预设智能合约模板实现项目进度上链、捐赠款项透明公示和资金自动分发，大幅提升了公益项目的信息披露效率和执行可信度，为中大型公益组织提供了参考路径。

四、公益应用展望

通过对区块链4项关键技术的评估分析，描绘了它们在公益慈善领域中的技术成熟度、适配性与资金需求的三维分布情况，揭示了各类技术在公益场景下的适用差异与现实壁垒。

其中，智能合约与去中心化应用技术表现出较高的适配性，依托自动执行与信息可追溯机制，在提升资金透明度、合同履约效率与“去信任化”治理方面展现出较强潜力。与此同时，该类技术的实现对系统设计、安全控制和平台兼容性提出了更高要求，技术复杂度与部署成本均处于较高水平。尽管如此，随着技术生态逐渐成熟，其在中大型项目中的应用价值预计将进一步释放。

共识机制技术作为保障系统安全性与一致性的基础性技术，虽然在工作量证明等传统模式下存在能耗高、成本高的问题，但随着绿色高效共识机制的发展，其在私有链或联盟链等公益应用环境中的适用性有望提升。分布式存储技术在三维图中位于中部，各项评分较为平衡，技术门槛适中、资金投入可控，适用于对数据完整性和可审计性有要求的公益项目，其尤其在信息公开与数据追溯等场景中具有良好应用基础。加密技术则因实现路径清晰、部署简便，在技术复杂度评分中略低，但因其低成本与高适配性，使其在数据隐私保护、身份验证和公众信任构建方面发挥着不可或缺的作用，特别适合中小型公益项目快速接入与应用。

虽然区块链 4 项关键技术常在区块链系统中协同作用，但它们在实际公益应用中也具备单独部署的现实意义。共识机制可用于多节点间的数据一致性验证，适用于联合捐赠、跨组织协作等场景，强化合作透明性；加密技术在单独使用时，能够以较低的技术门槛实现敏感数据保护与信息防篡改，成为中小型公益机构保障隐私与信任的重要工具；分布式存储技术即使脱离完整链式结构，也可通过数据分散保存与多节点备份，提升信息的安全性与可用性，尤其适合需要长期保存与溯源的公益数据管理；智能合约与去中心化应用，即使在局部部署下，也能通过自动化流程减少人为干预，提升项目执行效率与透明度。单项技术的灵活运用，为资源有限的公益组织提供了循序渐进的数字化转型路径，也使其在不同发展阶段可以实现局部突破和效能提升。

区块链技术在公益慈善领域的应用，能够促进透明治理、增强信任机制与优化资源流转，但在实际推广过程中仍面临多重挑战：一方面，缺乏统一的法律规范和行业标准，使公益组织在数据存储、捐赠合规及跨境操作方面存在政策不确定性；另一方面，技术部署所需的成本、专业能力门槛及系统集成难度，限制了中小型组织的使用意愿。此外，如何平衡数据隐私保护与链上信息公开，也是设计公益区块链系统时必须面对的问题。因此，尽管区块链具备提升公益系统可信度与效率的潜力，但其可持续应用仍需制度完善、技术适配与多方协同共同推动。

区块链4项技术在公益领域各自承担着不同的战略角色。从底层基础设施到应用层优化，它们共同构成了公益数字化转型的重要支撑体系。在实际部署过程中，公益组织需结合自身能力、预算状况与任务需求，因地制宜地进行技术选型与战略配置，同时不断探索灵活应用与系统集成的平衡路径。未来，随着政策环境的完善、技术生态的成熟以及多方协同的深化，区块链关键技术将在公益领域中释放更大的信任价值与治理潜力，助力构建可持续、透明与高效能的数字公益体系。

第三节　感知计算技术集群

随着智能设备与传感技术的快速普及，物联网（Internet of Things，IoT）拓展了数字服务的边界，实现了物理世界与数字系统之间的实时连接（Vermesan 和 Friess，2022）。借助这一底层架构，传统行业得以推进数字化转型，在提升运行效率和服务响应能力方面取得实质性进展（Adhicandra 等，2024）。

一、物联网技术与数字服务的融合

物联网指通过多种信息感知设备与互联网连接，构建物与物之间的数据交换与协同响应系统（Mansour 等，2023）。其通过整合传感器、智能终端和云计算平台，实现设备与设备、设备与人之间的高效互联，为用户提供更加个性化和即时的服务体验（Ashton，2009）。

“数字服务”的概念最早由美国国际贸易委员会在2013年发布的《美国与全球经济中的数字贸易Ⅰ》报告中正式提出，涵盖远程教育、在线医疗、云计算、人工智能等依托数字技术开展的服务形式（Lee - Makiyama，2014）。从学术视角来看，数字服务是通过互联网、大数据与智能算法构建的服务体系，突破了传统服务的时间与空间边界，实现服务的实时化与智能化。

物联网与数字服务的融合，体现为基于物联网的实时数据采集与感知能力，与数字技术在处理、分析与反馈上的能力相结合，从而实现智能化服务交付。这种融合不仅拓展了数字服务的场景边界，也提升了服务的响应精度和运行效率，能够更有效地回应用户多样化与高频次的需求（Kilaru 等，2024）。

二、核心技术体系解析

物联网与数字服务的融合依赖于多项底层技术的协同支持，核心环节包括传感器技术、物联网通信技术、设备管理与系统集成技术和边缘计算等。

（一）传感器技术

传感器作为物联网的基础组件，负责将环境或设备状态的物理量转化为可传输的数字信号，支撑后续的数字服务响应。其常见类型包括温度、湿度、压力与光照传感器，通过无线通信网络将数据发送至云端或本地终端，为物联网系统的自动化与智能决策提供实时支撑（Rajora 等，2024）。

（二）物联网通信技术

物联网通信技术是设备联通与数据交换的基础，常见方式包括无线网络通信技术（Wi - Fi）、蓝牙（Bluetooth）、紫蜂网（Zigbee）、长距离广域（LoRaWAN）与第五代移动通信技术（5G）。Wi - Fi 适用于高带宽需求场景，Bluetooth 强调低功耗与便捷配对，Zigbee 适合大规模自组网应用，LoRaWAN 则在远距离、低功耗采集任务中展现优势，5G 则为高可靠、低延迟连接提供支撑（Aldin 等，2024）。

（三）设备管理与系统集成技术

高效的设备管理与系统集成是保障物联网系统稳定运行的关键。设备管理涵盖注册、配置、固件升级与状态监控，以提升设备可维护性与生命周期管理效率。系统集成通过标准化应用程序编程接口（API）、中间件与边缘网关，实现多品牌、多协议设备的数据整合与统一调度（Gubbi 等，2013；Bi 等，2023）。

（四）边缘计算技术

边缘计算技术为应对终端数据量激增带来的带宽、时延与隐私挑战，将部分数据处理任务下沉至本地节点，降低对远程云端的依赖（Shi 等，2016）。边缘计算不仅减少了网络延迟与核心负载，还提升了系统可靠性，并通过本地数据处理增强了隐私保护与安全性（Kong 等，2022）。

三、技术战略价值评估

根据前述三维战略选择框架，图 3－3 显示了物联网 4 类关键技术在公益慈善场景中的技术成熟度、公益适配度和资金需求的评估分布。

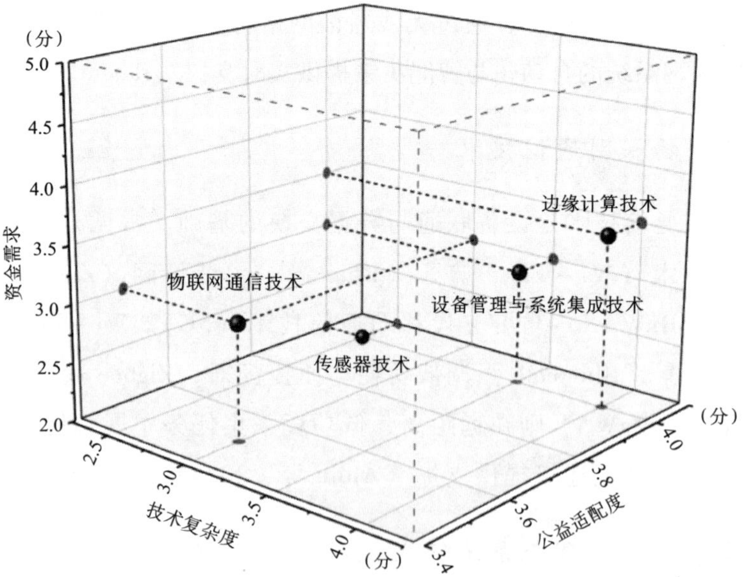

图 3－3　物联网和数字服务关键技术的战略分布三维图

第一，传感器技术。传感器技术主要用于采集环境与设备的实时数据，是物联网系统中的基础组件。在智慧养老、灾害预警等公益场景中，该技术能够为服务响应提供及时、可靠的感知信息。当前传感器类型丰富，技术门槛较低，部署难度小，技术复杂度评分为 2.5 分。其高效感知能力与广泛应用适配性使得其公益适配度评分为 4.0 分，同时由于传感器单体成本低、系统接入灵活，资金需求评分为 2.0 分。该技术适用于预算有限、覆盖面广的公益项目，定位于低复杂度、高适配性、低资金需求区域。

在公益领域，传感器技术已被应用于智慧养老、环境监测等场景，显著提升了服务的实时性与精准性。例如，山东省济南市历下区民政局主导的“亲情 E 联 +”智慧养老平台，为辖区 2315 位独居老人安装了智能传感设备，实现了 24 小时居家安全监护和健康档案管理，有效提升了老年人的生活质量和安全保障，初步展现了传感器技术提升公益项目敏感性与科学性的潜力。

但是，传感器技术在实际推广过程中，仍存在若干制约因素。传感器数据的精度与稳定性受限于设备质量与使用环境，可能导致感知信息失真或波动，影响决策准确性。同时，公益组织在多源传感器数据融合、异常数据处理与实时监控体系建设方面普遍基础薄弱，限制了数据价值的释放。此外，针对边远地区或极端环境的应用，传感器的耐久性与能耗优化问题仍是制约其普及的重要障碍。未来需要通过提升传感器模块的智能化水平、加强数据融合与异常检测能力建设，以及完善低能耗、高鲁棒性的技术方案等多种措施，推动传感器技术在公益领域实现更广泛的应用。

第二，物联网通信技术。该技术已基本标准化，但不同场景覆盖范围、功耗与时延要求差异较大，部署仍需考虑平台兼容性与网络配置，整体技术复杂度评分为 3.0 分，公益适配度评分为 3.5 分，因公益场景对实时性和广域覆盖要求提高，其在如应急救援或远程医疗等场景中优势明显。其资金需求评分为 3.0 分，为中等水平，主要集中于网络部署与设备互联配置。该技术适用于中等规模、通信密集型的公益服务项目，定位于中等复杂度、中高适配性、中等成本区域。

在实际部署过程中，不同通信协议（如 Wi-Fi、Bluetooth、Zigbee、LoRaWAN 和 5G）在带宽、功耗和覆盖范围等方面存在差异，选择合适的通信方式需根据具体公益应用场景进行权衡。同时，设备间的兼容性问题也可能导致系统集成的复杂性增加，影响整体运行效率。此外，网络部署和设备互联配置的成本也可能对资源有限的公益组织构成压力。

第三，设备管理与系统集成技术。该技术涵盖设备注册、固件升级、状态监控及中间件对接等核心模块，对系统架构设计与接口适配能力提出了较高要求，技术复杂度评分为 3.5 分。由于该技术在智慧社区、应急指挥中心等需要集中化运维或统一数据管理的公益平台中具有广泛适配性，公益适配度评分为 4.0 分。平台搭建与系统运维的投入处于中等水平，资金需求评分为 3.0 分。整体来看，设备管理与系统集成技术适用于中型及以上公益组织，用于提升系统协同性、运行稳定性与服务可持续性，定位于中高复杂度、高公益适配性与中等资金需求区域。

在智慧养老、灾害指挥调度与社会救助平台引入设备管理与系统集成方案，可以借助统一的管理平台提升多设备协同能力与实时监控水平。这类公益项目的应用初步展现了该技术在优化公益资源调度、提升响应时效与降低运维负担方面的重要潜力。但在实际应用中，一方面，设备标准与通信协议的多样性增加了系统集成的复杂性，易导致“数据孤岛”与交互操作障碍；另一方面，也因部分公益组织在统一运维平台设计、接口兼容测试与中间件安全性保障方面经验有限，增加了系统运行中的不确定性与安全隐患。推动标准化接口建设、加强系统架构设计能力，以及引入模块化、低耦合的集成方案等，是逐步提升设备管理与系统集成技术在公益领域应用普及的关键。

第四，边缘计算技术。边缘计算技术更适用于对反应时效和系统稳定性要求较高的公益场景，如走失预警、远程监护、自然灾害应对等。其引入涉及计算架构调整与边缘节点部署，技术复杂度评分为 4.0 分。

其公益适配度评分为4.0分，在偏远、低网速地区的公益服务场景中具有独特优势。其资金需求评分为3.5分，原因是其对边缘设备、处理单元及本地网络有一定投入要求。该技术适用于具备基础设施条件的中大型公益组织，定位于高复杂度、高适配性、中高成本区域。

在实际应用中，边缘计算仍面临多方面的挑战。边缘节点在设备可靠性、计算能力和能效控制上存在一定限制，尤其在资源条件有限的地区，系统的稳定运行与后续维护难度较大。同时，公益组织在边缘架构规划、数据分层处理和本地安全防护等方面经验不足，进一步加剧了系统建设与运维的复杂性与风险。未来，需要通过推广模块化、可扩展的边缘部署模式，提升本地智能处理与数据保护能力，逐步降低技术应用门槛，支持边缘计算在公益服务中的可持续拓展。

四、公益应用展望

物联网4类技术分别呈现不同的技术门槛、应用广度与成本结构。传感器技术部署灵活、成本可控，适合基础型公益项目实现数据感知；物联网通信技术保障了多终端的数据协同，是实现平台联通的关键环节，适用于中等规模的公益项目；设备管理与系统集成技术有助于构建长期稳定的协同系统，特别适合需要统一调度和多设备联动的公益组织；边缘计算技术则在高时效、低延迟的场景中体现出重要价值，是高水平数字化能力建设的核心。不同组织应依据资源储备与服务目标合理选择技术路径，推动公益数字服务从基础接入走向智能化跃升。

从功能协同的角度来看，传感器技术实现了对服务对象和环境状态的实时感知，物联网通信技术保障了数据的稳定传输，设备管理与系统集成技术提升了跨平台协同效率，边缘计算技术则增强了系统在突发场景中的响应与安全能力。这些底层技术协同构建了具有智能感知、实时响应与精准调度能力的公益数字基础设施，在灾害预警、助老助残、远程医疗等领域显著提升了公益服务的可及性、可控性与效率，推动形成以技术驱动的现代公益模式，为公益慈善领域的数字化转型提供了支撑。

与此同时，在实际公益实践中，各类公益组织可根据自身需求与资源条件，灵活引入单项技术或适度的技术组合，在不同阶段实现局部应用与能力拓展。如，传感器技术可在结合轻量级数据处理机制后，独立支撑对环境变化与受助个体状态的实时感知与异常初筛，帮助公益组织实现早期预警与基础服务优化；物联网通信技术在小规模部署下，能够保障多终端数据的稳定流动与快速交换，为后续的资源匹配与协同提供基础支持；设备管理与系统集成技术可在局部公益平台实现基本的数据整合与多设备协同管理，提升初步的资源调度与运维效率；边缘计算技术在特定节点下，能够通过本地智能处理，优化系统的响应速度与韧性，特别适用于对时效性要求较高的公益场景。单项技术的循序渐进引入，为资源有限或处于数字化起步阶段的公益组织提供了局部突破的可行路径，支持其在不同发展阶段实现能力积累与体系完善。

随着物联网基础技术持续演进与开源生态体系的成熟，系统部署门槛与应用成本有望进一步降低。尤其是在传感器智能化、通信协议标准化、系统集成模块化与边缘计算轻量化等方向，技术创新将为公益组织提供更加灵活、可扩展的数字解决方案。公益组织应结合自身发展阶段，科学规划技术路径，积极推动跨界协作与场景应用创新，逐步构建符合自身数字化转型需求的发展道路。

第四节　大数据计算技术集群

一、大数据与云计算技术的革新

随着信息技术的持续演进，大数据（Big Data）与云计算（Cloud Computing）已成为数字化转型的核心基础，深刻改变了多个行业的运营逻辑与服务模式。

大数据通常指规模庞大、结构复杂、增长迅速的数据集合，其体量和复杂性超出传统数据处理方式的能力范围（Chan，2020）。学术界普遍以“7V”特征来描述大数据：Volume（数据量大）、Variety（类型多样）、Velocity（处理快速）、Variability（语境可变）、Veracity（数据可信）、Visualisation（可视表达）与 Value（潜在价值）（Gautam 和 Chatterjee，2020）。

云计算则是基于互联网按需提供可扩展计算资源的技术体系，使用户无需购置和维护本地硬件，即可按需使用远程计算与存储服务。云计算具备自助服务、广域接入、资源池化与弹性伸缩等典型特性，大幅降低了系统部署成本并提升了运算效率（Islam 等，2023）。其服务模式主要包括：IaaS（基础设施即服务，提供计算与存储资源）、PaaS（平台即服务，支持应用开发与部署）、SaaS（软件即服务，用户可直接访问功能，如邮箱或在线文档）。在部署架构方面，云计算可分为公共云、私有云、社区云与混合云，以满足不同场景下对安全性、灵活性与资源共享的平衡需求（Younis 等，2024）。大数据与云计算在实践中高度融合。云平台为大数据提供弹性资源与计算基础，大数据则通过云端的分布式处理框架实现高效分析与管理，借助数据可视化工具辅助洞察生成，提升组织在复杂环境中的决策质量（Valmohammadi 和 Varaee，2023）。

二、核心技术体系解析

大数据与云计算的结合推动了多个领域的技术创新，尤其在数据存储、处理、分析与安全等方面取得了显著进展。

（一）数据存储与管理技术

在数据体量激增的背景下，分布式存储与非关系型数据库（NoSQL）逐渐成为主流。Hadoop 分布式文件系统（HDFS）具备良好的容错性与扩展性，广泛应用于大规模数据管理领域（Guan 等，2024）；

NoSQL以灵活的数据模型和高并发处理能力，在异构数据场景中表现突出。与此同时，云计算平台提供的对象存储服务以高可用性与弹性扩展优势，满足了公益组织在分布式环境下对大规模数据存储与访问的需求（Akindote等，2023）。

（二）数据处理与分析技术

当前，大数据处理主要依托分布式计算框架，如Hadoop的MapReduce适用于批量数据处理，Spark则以内存计算提升了数据处理速度与实时分析能力。大数据分析技术支持描述性、预测性与规范性3类分析路径，广泛应用于行为分析、风险预警与决策优化。云计算平台通过弹性计算与并行处理，显著提升了数据分析的可扩展性与成本效益（Qi等，2023）。

（三）数据安全与隐私保护技术

数据安全与隐私保护技术是大数据与云计算系统可持续运行的关键保障。加密算法、访问控制与多因素认证共同构建了基础防线（Alemami等，2023）。区块链技术的引入，进一步增强了数据流通的可信性与可追溯性，其广泛应用于医疗、金融与公共服务领域的数据共享与审计。云平台则为公益组织提供了可靠的数据存储与备份解决方案，保障了数据的合规性与安全性（Josphineleela等，2023）。

（四）智能算法与应用集成技术

智能算法在大数据与云计算支持下，加速了各类智能服务的落地。依托高质量数据与弹性算力，人工智能与机器学习技术在图像识别、自然语言处理与用户行为预测等领域展现出强大性能（Kommisetty和Nishanth，2024）。主流云平台构建了AI即服务（AI-as-a-Service）体系，通过API、AutoML工具与边缘推理模块，降低了智能算法应用门槛，推动了智能服务在公益场景中的规模化部署与业务价值转化。

三、技术战略价值评估

大数据和云计算的4种关键技术的技术复杂度、公益适配度和资金需求情况的战略分布三维图见图3－4，4项技术的具体评分结果以及技术在公益慈善领域应用的优势和劣势如下：

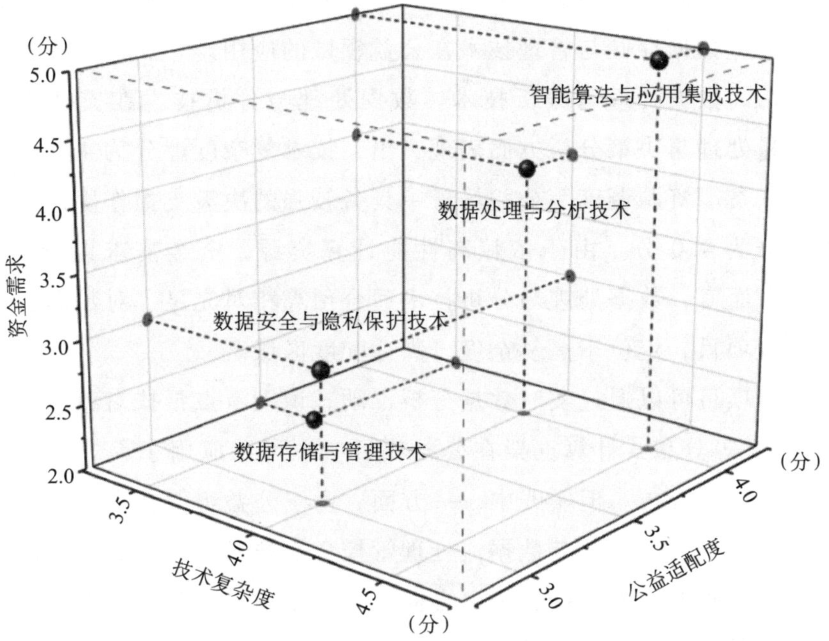

图3－4　大数据和云计算关键技术的战略分布三维图

第一，数据存储与管理技术。其在大数据场景下已较为成熟，支持高效的数据存储、备份与检索，技术复杂度评分为3.5。其在公益领域适配性良好，尤其适用于需要长期记录与安全保障的数据场景，公益适配度评分为3.5。由于其技术门槛较低，部署成本相对可控，资金需求评分为2.0。数据存储与管理技术具备稳定性和性价比优势，适合中小型、资源有限的公益项目，定位于中等复杂度、中等适配度、低资金需求区域。

目前，一些大型公益基金通过云端对象存储，实现了长期捐赠记录的数字化留存与透明披露，有效支撑了公益慈善组织的信息透明度与公众信任建设。然而，由于多数公益组织在数据标准化、元数据管理与多源数据整合方面经验不足，实践中容易导致存储系统在规模扩展后形成“数据孤岛”、检索效率下降等问题，或者部分小型组织由于预算有限，难以在存储系统安全防护、数据备份冗余与灾备体系建设上投入足够资源，增加了数据丢失与泄露的潜在风险。因此，需加强数据管理规范制定，推进云存储安全防护能力建设，并探索灵活、可负担的数据服务方案，以促进数据存储与管理技术在公益领域的应用。

第二，数据处理与分析技术。数据处理与分析技术在支持实时计算、批量处理与决策分析方面表现突出，技术复杂度评分为 4.0 分。其在精准扶贫、资源调度等公益场景中具备较强的决策支撑作用，公益适配度评分为 4.0 分。由于依赖高性能计算资源，资金需求评分为 4.0 分。综合而言，数据处理与分析技术适合预算相对充足、对数据敏感度高的公益项目，定位于高复杂度、高适配度区域。

扶贫项目可以通过实时数据分析，动态识别重点帮扶对象与紧急需求；Spark 等分布式计算框架在公益项目中也可以应用于大规模数据处理与趋势预测分析。但实践中，一方面，由于公益组织在高性能计算环境搭建、复杂模型开发与数据流处理管控方面技术积累不足，限制了数据处理与分析能力的发挥；另一方面，大数据项目常常涉及多部门、多来源数据集成，缺乏统一的数据标准与治理机制，容易导致数据孤立。因此，需要加强数据处理平台建设，推动数据标准化与清洗流程优化，并通过外部合作引入专业数据分析资源，逐步提升公益组织在复杂数据环境下的分析水准。

第三，数据安全与隐私保护技术。数据安全与隐私保护技术主要涵盖数据加密、访问控制与隐私合规机制等领域，在技术实现上具有一定复杂度，技术复杂度评分为 4.0 分。随着公益项目在捐赠信息管理、受助人隐私保护与跨平台数据共享中应用的不断扩展，对数据安全性的要求日益提高，公益组织在项目设计与运营过程中高度重视信息保护与合规性。整体来看，该类技术在公益领域的公益适配度评分为 3.0 分，适用于处理敏感个人信息、建立公众信任的公益项目。由于部署加密技术、访问权限管理系统与合规审核机制所需投入处于中等水平，资金需求评分为3.0分。综合而言，数据安全与隐私保护技术定位于中高复杂度、中高适配度、中高资金需求的应用区域。

随着数据跨境流动与多元主体参与的增加，数据隐私保护面临新的挑战。当前，许多公益组织在隐私政策制定、数据权限分级与合规审计能力建设方面经验不足，存在隐性数据泄露、合规漏洞与应急响应能力薄弱的问题。未来，需进一步探索公益组织与法律、技术机构的合作机制，加强数据保护体系建设，提升隐私设计与动态合规能力。

第四，智能算法与应用集成技术。该技术融合了人工智能与机器学习能力，用于复杂数据挖掘、智能推荐与资源优化，在技术实现上具备较高复杂度，技术复杂度评分为4.5分。随着公益组织对智能化决策、自动化服务与精准资源分配需求的提升，智能算法在捐赠动员、项目评估、风险预警等领域展现出重要潜力，其公益适配度评分为4.0分。由于依赖大规模训练数据、高性能计算资源及前期算法开发投入，资金需求评分为5.0分，属于投入强度较高的技术类型。综合而言，智能算法与应用集成技术适合预算充足、技术基础较强的公益项目，尤其适用于需要处理复杂系统优化与高响应服务场景，定位于高复杂度、高资金需求区域。

算法模型在数据偏差控制、解释性保障与伦理审查方面仍存在明显短板，容易引发公平性与透明性问题，并且高性能算法开发与运维对资金、人力和技术能力要求较高，导致中小型公益组织在应用智能算法时存在较高门槛。未来，需要探索低门槛、模块化的智能服务集成方案，逐步减少公益组织智能化转型的技术壁垒。

四、公益应用展望

大数据与云计算技术在公益领域展现出多层次的应用格局，各类技术在成熟度、适配性与资源需求方面形成鲜明分布格局。数据存储与管理技术具备较高的稳定性与性价比，适合资金有限、对数据留存有长期需求的项目；数据处理与分析技术在支持实时响应与决策优化方面表现突出，适用于预算充足、追求效率与精度提升的大型公益项目；数据安全与隐私保护技术为敏感数据管理与公众信任建设提供了重要支撑，适用于中型及以上、对信息合规性要求较高的组织；智能算法与应用集成技术则在复杂任务处理与智能化服务供给中展现出显著优势，但对资金与技术能力要求较高，更适合具备一定技术基础的公益组织部署应用。整体来看，大数据与云计算技术为公益组织提供了灵活的技术组合空间，支持其根据自身资源状况与项目特点，分阶段地推进数字化转型。

多技术的协同集成应用能够形成系统性优势，但公益组织也可以灵活引入和分阶段部署某类技术或技术组合。数据存储与管理技术可独立支撑多源数据的归档与备份，帮助公益组织在资源有限的条件下实现信息积累与透明化管理；数据处理与分析技术即使在局部应用下，也能通过基础数据挖掘与批处理流程，提升项目动态监测与资源调度能力；数据安全与隐私保护技术可在核心数据层面独立建立加密与访问控制机制，强化敏感数据的保护与合规性；智能算法与应用集成技术则可在特定场景中局部引入，如受助人画像构建、捐赠趋势预测等，逐步积累智能化应用能力。

展望未来，随着边缘计算、5G 网络与量子计算等新兴技术的不断融合，大数据与云计算体系在实时性、弹性与处理能力方面将持续增强。公益组织需紧跟技术发展趋势，科学配置大数据与云计算的 4 类关键技术，完善数据治理与隐私保护机制，提升数据效能转化率，并注重将数据洞察有效应用于行动策略。通过多元技术协同与场景创新，公益组织有望在资源有限的环境中实现服务响应最优化、社会价值最大化，逐步构建起更加智能、可信与可持续的数字公益生态体系。

第四章

数字化公益的挑战与应对

数字化是一种具有颠覆性的社会技术过程，它不仅涉及组织内部对数字工具的应用，还涵盖更广泛的社会、制度与经济层面的系统性变革（Rijswijk 等，2023）。随着数字技术的不断演进，非营利部门，如慈善机构、社会企业等正面临前所未有的机遇，有望借助技术手段优化运营流程、提升服务效率（Apostolidis 等，2022；Devine 等，2021）。然而，相较于营利组织，非营利组织在价值导向、组织结构和资源能力等方面具有显著差异，尤其强调非财务绩效与社会效益，也使其数字化转型过程更具挑战性（Cipriano 和 Za，2024）。

在实践中，技术基础设施薄弱、数字技能缺失和资源配置受限等问题，常常成为非营利组织推进数字化的主要障碍。除此之外，数字转型的成效还受到组织内部治理结构、领导力、管理灵活性以及创新能力的深刻影响（Jong 和 Ganzaroli，2023）。因此，推动非营利组织实现有效的数字化转型，不仅依赖技术本身，更有赖于组织战略、能力建设与文化变革的协同推进，这一挑战在公益慈善组织中尤为显著。组织的业务模型、运营流程、文化特征、人力结构（包括员工与志愿者）以及法律监管环境，均会影响数字化转型的路径选择和落地效果（Brink 等，2020）。因此，许多慈善机构，尤其是中小型组织，普遍将数字转型视为一项复杂且难以承受的任务。以英国为例，“*Charity Digital Skills Report 2023*”的调查指出，约 58% 的慈善机构坦言尚未制定清晰的数字化战略。该报告还强调，非营利组织亟待提升数字技能，才能像营利组织那样充分释放数字技术的潜能。

在此背景下，深入探讨公益慈善组织在数字化转型过程中所面临的制度障碍与技术落地问题，不仅有助于理解其转型困境，也为探索数字技术如何更有效地服务于其社会使命提供了重要的理论支点与实践指导。

第一节 数字技术赋能公益的逻辑必然性

传统的公益实践长期受限于“技术边界”和“实践边界”（陈昊

杨，2024），在组织响应效率、资源分配逻辑及公众互动模式上呈现一定的滞后性。随着人工智能、区块链、物联网等新兴技术的广泛应用，公益慈善的运作机制正经历系统性重塑（Miyakozawa，2024）。驱动这一转型的核心力量，既包括前沿技术的快速演进，也包括来自日益复杂化的社会需求与公众参与方式的深刻变革（McNutt 等，2018）。

一、数据化转型与匹配机制重构

在传统模式下，资源配置效率偏低是长期困扰公益实践的核心难题，供需之间的结构性错配愈发凸显（苗青，2022）。面对更加多样化与动态化的社会问题，仅依赖线下调研与经验判断已难以高效响应，因此推动资源配置机制的系统性优化成为关键。

针对上述“痛点”，公益组织正通过以“数据驱动”为核心的技术路径推进数字化转型，进而重构慈善资源配置的整体流程与逻辑结构。其关键在于依托多维度的数据采集与智能算法，实现资源与需求之间更为精准、高效动态匹配。具体而言，数字技术通过构建以数据感知与智能匹配为核心的双向联动机制（Shi 等，2020；周涛等，2022），依托卫星遥感、移动支付系统、社交媒体平台等数字基础设施，实现多源异构数据的高频采集与实时更新（Blumenstock 等，2015）。在此基础上，借助人工智能、物联网及大数据分析等关键技术，实现资源配置转向基于模型预测的动态调度（Gralla 等，2014）。

从实践层面来看，这一基于数字技术的资源配置模式已在多个公益场景中展现良好的适应性与实际成效。慈善组织通过整合多源数据与智能算法，能够精准识别重点关注群体，例如深度贫困人口、重症患儿及教育资源严重匮乏地区，并结合历史信息与实时反馈信息动态预测未来需求，从而显著提升资源分配的靶向性与干预措施的有效性（祝建华，2022；杨龙和李萌，2023；UNICEF，2021；Kleinberg 等，2018）。在物资调配方面，组织进一步融合物资库存数据与空间分布热力图，并辅以地理信息系统与路径优化算法，能够实现对配送路径的动态调整与最优调度，在提高响应速度的同时，也有效降低了资源浪费和供需错配的发生概率（Balcik 和 Beamon，2008；戢晓峰等，2021；李攀等，2022）。另外，相关平台的运营经验也表明，数字化手段的引入在提升整体响应效率、强化资源统筹能力方面发挥了显著作用。

基于数字技术的资源配置机制不仅适用于常规的慈善救助场景，在教育、健康与应急响应等典型公益领域也展现出广泛的适应性。例如，在教育领域，墨西哥的 Proacceso 基金会通过建设数字化学习中心，为边远或资源匮乏社区的居民提供教育资源和数字技能培训，有效缓解了教育机会的非均衡问题（OECD，2010）；在健康领域，尼日利亚的非营利组织 HelpMum 通过人工智能驱动的疫苗干预优化系统，实现了对接种策略的智能调度与动态优化，显著增强了基层地区公共卫生资源的覆盖能力与响应精度（Ogunbajo 等，2022）；在应急响应领域，美国的非营利组织与科技公司协作，依托遥感图像与机器学习技术对灾害影响区域进行快速识别，并实现对重点受灾人群的定向援助，从而显著提升了应急资源分配的效率与公平性（Wiggers，2022）。

以数据为核心驱动的资源配置模式不仅显著提升了公益实践的响应效率，也在资源分配逻辑与组织治理结构层面对传统慈善产生了深刻重塑。这些实践案例所反映的，不只是数字技术路径的现实可行性，更凸显了一个重要趋势，即数字化已逐渐从操作层面的工具属性，演进为引导慈善组织实现由“经验驱动”向“数据驱动”治理模式跃迁的关键力量。数据化重构了资源配置的底层逻辑，推动组织逐步建立起以实时需求采集、算法决策支持与动态调整机制为基础的闭环式管理体系。这不仅预示着一种全新资源配置范式的生成，也表明数字化转型正日益成为推动公益慈善走向高质量发展的关键动能，体现了技术对慈善逻辑的重塑与深远影响。

二、智能化演进与协作范式变革

在传统公益模式中，组织运作高度依赖人工调度与固定流程，协作主体多以个体组织为单元，缺乏跨区域、跨机构的系统化联动，导致在复杂多变环境中资源响应效率低下，尤其在灾害救援、疫情防控和城市贫困治理等高不确定性场景中，这种以纵向层级为主、缺乏横向协作弹性的模式暴露出显著滞后性。因此，如何重塑协作机制、提升系统整体应变能力，成为公益实践数字化转型过程中的核心命题。

智能化技术的兴起正是对上述现实挑战的直接回应。依托日益完善的数字基础设施，数字技术不仅推动了资源调度效率的提升，更深刻重塑了协作的方式和结构。特别是在跨时空协作与动态资源整合方面，智能化展现出明显优势。智能系统通过增强资源配置的灵活性和主体参与的空间覆盖能力，催生了以多主体参与、实时响应和高效决策为特征的新型公益协作范式（Chen，2021；Lang，2024）。

在信息传播与资源流通层面，社交媒体与区块链技术成为打破传统协作边界、实现即时互信与多方同步协作的重要工具。区块链技术通过分布式账本和智能合约机制，提升了跨地域合作的透明性与可信度，为公益协作奠定了坚实基础（Avdoshin 和 Pesotskaya，2021）。例如，阿里巴巴公益利用去中心化架构对大规模捐赠行为进行流程溯源与动态管理，不仅优化了资源分发流程，还通过智能合约提升了平台型组织内部与外部协作的实时性与数据支持能力（Ant Group，2022）。

与此同时，云端协作平台与数字孪生系统进一步拓展了智能化在协作机制中的应用深度。红十字国际委员会（ICRC）在新冠疫情期间，通过 Slack 等在线协作工具，成功实现跨国志愿者的高频沟通与协同调度，极大增强了多地救援行动的同步性与组织效能（ICRC，2020）。联合国人居署（UN－Habitat）则在肯尼亚基贝拉贫民窟项目中构建了数字孪生模型，通过融合三维虚拟场景与实时数据，不仅优化了本地资源配置方案，也实现了各干预主体之间的数据共享与协同决策（UN－Habitat，2023）。此类技术实践，使协作空间从静态封闭转向动态计算，推动了公益组织间由被动对接向主动共创的转变（Cao 等，2024）。

智能化技术的深入应用，不仅提升了个体组织内部的决策与执行效率，更在系统层面推动了公益协作从传统的线性、分散模式向以数据驱动、智能调度、跨主体协作为特征的网络化体系转型。通过引入算法识别、自动调度与事前预测机制，公益组织能够打破传统的“数据孤岛”和流程断点，实现实时、精准、高效的多方协作，显著提升资源统筹、任务分配与应急响应的协同匹配度。

此外，智能协同技术的应用还在根本上改变了组织之间的信息交换与决策范式，推动公益服务供给从碎片化走向集成化，响应机制从滞后被动走向实时主动。这一深刻变化标志着公益协作模式从“经验驱动”向“智能引导”的跃迁，智能化所构建的协作基础设施与运行机制，已成为公益组织实现模式创新与系统韧性提升的关键支撑力量。

三、平台化赋能与生态结构重塑

在传统公益实践中，受限于参与渠道单一、传播链路狭窄与反馈机制滞后，公众难以持续、高效地参与资源动员与配置过程（Guo 和 Saxton，2018）。这一瓶颈不仅削弱了组织与公众之间的信息互动效率，也限制了公益组织在跨区域协同与动态响应方面的能力，处于一种以机构为中心、公众边缘化的封闭生态。

随着社交平台与数字基础设施的持续演进，平台化机制开始打破这一固有格局，重塑公益系统的连接方式。以推特（Twitter）、微信为代表的社交平台，借助其去中心化的传播机制，推动了公益参与网络的扩张与动态化。例如，2014 年“冰桶挑战”在 48 小时内完成关键意见领袖（KOL）节点裂变传播，覆盖 190 个国家，展现了社交平台在资源动员和共识建构中的巨大潜力（ALS Association，2014）；“99 公益日”通过微信社交链，在单日动员 5800 万人次参与，实现了跨平台、多主体的资源整合和共创（腾讯公益慈善基金会，2023）。

在平台架构基础上，区块链等底层技术的嵌入进一步强化了协作透明度与信任机制。Kickstarter 与腾讯公益等众筹平台，通过区块链上链存证与智能合约执行，实现了资金流向的实时可追溯与过程可验证，大幅降低了代理成本与信任摩擦（Mollick，2014；Catalini 和 Gans，

2020）。这一技术嵌入促进了公众在项目设计、执行监督与成果反馈等环节的深度参与，使公益资源配置机制从单向流动转向了公众和组织的互动。

同时，平台化结构通过融合直播、游戏化机制与虚拟现实（VR）等互动技术，重塑了公众参与体验与情感连接。公益直播通过“捐赠—见证—互动”的闭环流程，使参与者在即时反馈中形成持续黏性；虚拟现实公益项目则通过沉浸式体验，引发强烈的情感共鸣和持续参与意愿（贾微微和别永越，2021；杨利，2024；Andreoni 和 Rao，2011；Decety 和 Lamm，2006）。实验研究表明，沉浸式虚拟现实体验能使捐赠金额提升 61%，利他行为持续时间延长至 2.3 倍（Herrera 等，2018；Rosenberg 等，2013），基于区块链溯源的项目，其捐赠转化率与复捐率均显著高于传统项目（腾讯研究院，2022），进一步验证了平台技术在赋能公众参与和强化信任关系方面的实际效应。

平台化不仅是公益参与路径的数字延伸，更是通过社交网络、数据机制与智能信任体系的融合，重塑了公益生态的结构。而平台作为资源动员、信任建构与关系协调的数字枢纽，推动公益系统从封闭式、组织中心化模式向开放式、公众共建共治模式转型。这一转型促使组织与公众关系变为协同共创关系，标志着公益领域由单一行动向多元协作生态的深度跃迁。

第二节　数字技术落地的三重矛盾

尽管数字技术在提升公益资源配置效率、增强跨组织协同能力以及推动治理逻辑创新方面展现出巨大潜力，并被视为非营利组织实现高质量发展的重要驱动力，但其在实际应用中与预期成效之间仍存在明显落差。面对日益复杂的社会问题，公益组织迫切希望借助数字化手段增强其响应能力和治理水平，然而现实中却面临多重挑战。正如 Godefroid 等（2024）所指出的，非营利组织整体在数字化转型的进程中明显滞后于私营部门，尚未有效激发技术工具所蕴含的系统潜能。造成这一差距的深层原因在于，实践中普遍存在的一些障碍，如技术落地难度大、数据安全与隐私保障不足以及对技术系统依赖性等潜在风险，严重制约了数字化赋能的实际深度与可持续推进空间，也成为非营利组织未来转型中亟须应对的关键挑战。

一、技术理想和公益实践的冲突

（一）资源层面的资金短缺与资源限制

在数字技术“用不上”的现实困境中，资源匮乏是最基础也是最常见的障碍。公益组织普遍面临预算紧张的问题，资金主要依赖于捐赠与政府资助。这种资源约束直接影响了公益组织数字化转型，尤其是在前期的模拟数据的数字化和数据迁移过程中，需要投入大量资金、时间和其他资源（Qin 和 Jiang，2019）。此外，采购数字设备、软件许可，以及进行系统升级的成本也极为高昂。许多小型慈善组织财力有限，难以承担上述前期投入，导致数字技术引进滞后，从而影响了组织整体的数字化进程。

不仅如此，数字化转型还需要持续性资源支持，而非一次性投入。后续的技术培训、系统维护以及数据安全保障措施同样需要稳定的资金来源。预算有限的组织往往在维持基本运营的前提下，难以同时承载数字化相关的直接和间接成本，从而面临资源配置上的两难局面。这些现实负担在客观上限制了数字技术的有效落地，形成“想转型但资金无力支撑”的典型困境。

除了资金紧张，时间成本和机会成本也是不可忽视的资源约束。在引入新技术时，公益组织需投入大量时间进行调研、选择、测试和部署。而员工在适应新平台过程中，可能出现学习压力、效率下降甚至服务中断的问题。更为现实的是，当有限的资源被优先投入数字化升级时，其他核心领域（如项目执行、受众服务）可能面临被动压缩，进一步加剧了资源分配的张力。这种结构性失衡，直接削弱了技术落地的稳定性与成效。

（二）技术层面的获取障碍与实施复杂性

除资源掣肘外，技术本身的“难获取、难使用”问题也构成另一层重要障碍。一方面，公益组织普遍缺乏通用的技术标准与专业评估能力，导致在数字技术的选择、实施与系统整合过程中面临较高的不确定性与操作成本（Godefroid 等，2024）。这一问题在中小型组织中尤为突出，它们技术能力薄弱，自身需求与可选技术难以精准匹配，常因方案不当或执行偏差而延误整体转型进程。另一方面，数字鸿沟在组织内外层面同时存在。一些关键利益相关者，如志愿者、受益人或处于经济弱势地位的群体，由于其群体缺乏设备、网络接入能力或基本的数字技能，往往无法真正使用公益组织引入的技术系统，这进一步拉大了技术参与的鸿沟（Apostolidis 等，2021；Batra 和 Keller，2016）。技术在这些群体中“存在但不可达”，严重削弱了其赋能潜力，也加剧了公益目标的实现难度。

从组织内部来看，技术的复杂性与用户接受程度同样制约其推广效果。技术接受模型（Davis，1987）认为技术的“易用性”和“有用性”是影响技术采纳意愿的核心要素。在实际应用中，若技术界面复杂、操作烦琐，或短期内难以体现工作效率提升，则易引发员工与志愿者的抵触情绪（Seo 和 Vu，2020）。例如，部分功能全面但上手困难的项目管理工具，不仅未能提升运营效率，反而加重了一线人员的负担，进而导致系统实际使用率与预期脱节。

技术落地的障碍不仅来自系统层面的缺乏标准与适配困难，也来自用户层面的能力差异与心理抗拒。这一“技术可得但难用”的现实困境，已成为公益组织数字化进程中必须正视与突破的关键制约点。

（三）组织层面的决策流程与内部文化的阻力

在数字技术难落地的困境中，组织内部结构与文化因素是不容忽视的深层因素。公益慈善组织的数字化转型不仅依赖于外部资源与技术支持，更深植于组织内部的战略认知、决策流程与文化氛围。若组织层面缺乏明确的数字战略与积极的转型意愿，即便具备外部条件，技术亦难以真正落地。

许多公益组织在治理结构上存在决策链条冗长、权责不清等问题，尤其在数字化议题上，管理层参与度往往不足，导致技术战略难以有效推进（Godefroid 等，2024）。部分管理者对数字技术的理解仍停留在表面，特别是在数据驱动决策、流程自动化等方面持保留甚至抵触态度，进一步延缓了技术采纳进程（Ihm 和 Kim，2021；Ergado 等，2021）。此外，受传统职能划分影响，不少组织未将数字化列为优先发展事项，资源配置更偏向于筹资、宣传等短期见效的活动，致使技术投入被长期边缘化。

同时，组织文化与员工心态也对技术采纳构成实质性影响。一些公益组织仍高度依赖传统的工作流程，员工对技术的认知有限，常对新系统的学习成本和潜在工作干扰持保守态度。这种对变革的心理抗拒，常导致新技术在推行过程中遭遇消极响应或被动使用（Cipriano 和 Za，2023），此外，公益组织普遍决策链长、流程复杂，往往错失技术部署的最佳时机。在创新扩散理论框架下，不少组织被归类为“晚期大众”或“滞后者”，对新兴技术的风险极为敏感，技术采纳节奏缓慢（Phan 等，2021），这不仅影响了数字技术的及时部署，也削弱了组织在快速变革环境中的适应与应对能力。

（四）环境层面的外部制约与合规性问题

除了内部资源和结构等的限制，外部环境的不确定性同样构成了数字技术在公益组织难落实的重要障碍。公益慈善组织在推进数字化转型的过程中，面临着来自政策、法律、基础设施以及多元利益相关方的需求等多方面的外部挑战。

日益严格的数据隐私保护要求与网络安全法规显著提高了组织在系统设计与运营过程中的合规门槛。例如，一些国家和地区对数据采集、存储与使用设有高度的规范要求，公益组织必须投入额外资源用于制度调整与流程改造，以确保不违反相关法律、法规（林等，2015）。这不仅增加了操作复杂性，也提高了组织在数字化过程中的投入成本。

在偏远地区或基础设施薄弱的区域，网络连接不稳定、带宽受限等问题仍较普遍，即便组织有数字化意愿，也可能因技术条件不足而难以实施（Ojo 等，2021）。受益人之间的数字基础条件差异，也使同一技术系统在不同服务对象之间难以实现一致性体验，进一步加剧了服务可及性的差距。技术基础设施的不均衡进一步限制了公益组织的数字化可行性。此外，利益相关者之间的技术期待差异也提升了系统设计与运行的复杂性。如，捐赠者重视透明性和实时反馈，志愿者关注参与便利性，受助者则更看重服务可用性与使用友好度（Apostolidis 等，2021）。公益组织在资源和能力有限的情况下，难以同步响应各类群体的多样化需求，构成了系统开发与运营的巨大压力。

总体而言，制度监管、基础设施差异与利益相关方多元诉求所构成的外部压力，使公益组织在推动数字化过程中，必须兼顾合规、安全与多方平衡。这就要求组织在战略制定中不断协调“合法合规”“技术可及”“服务多元”的多重目标，提升系统灵活性与响应能力。

公益组织在数字化转型过程中面临着多维度、交织性的障碍，涵盖资源投入、技术适配、组织认知和外部环境等多个层面。这些因素相互叠加，构成了数字技术“难落地”的瓶颈。内部资金与能力的局限限制了技术采纳的基础条件；组织治理与文化的惰性阻碍了技术的有效推进；政策法规与技术基础设施的不均衡进一步抬高了数字化实施的外部门槛。要破解这些现实困境，组织一方面需在内部强化数字素养与技术管理能力，推动结构调整与文化变革；另一方面应借助政府、企业与社会各界的外部支持，推动资源、技术与政策的协同供给，形成“内外联动”的数字化赋能体系。

二、数据安全与隐私保护的现实挑战

数字技术在赋能公益组织的过程中伴随着显著的不确定性。在实践中，技术工具可能引发捐赠者隐私泄露、数据滥用、算法偏见等风险，不仅干扰组织日常运作，也可能侵蚀公众对公益组织的信任基础，从而影响社会参与意愿。从数据治理视角来看，当前慈善组织面临的挑战主要集中于3个关键维度：数据安全风险、隐私保护困境与技术合规挑战。这些问题不仅关乎技术本身，更深层关联着治理能力与伦理边界的设定。

（一）数据安全层面：技术落地后的安全漏洞与内部滥用

随着数字平台在慈善领域的广泛应用，数据安全问题已成为公益组织"用上数字技术"之后最为突出的风险之一。虽然技术部署提升了运营效率，但也使组织面临更多风险暴露的可能性。在线捐赠平台的普及使公益组织的数据安全攻击面显著扩大，成为必须直面的严峻挑战（Hill，2022）。这些平台承载了大量捐赠者与受助者的敏感信息，如联系方式、身份信息、支付数据等，这些信息一旦泄露，可能造成重大损失，并且平台若遭遇黑客攻击，还可能因数据高度集成和系统互通，引发风险扩散。相较于传统纸质记录方式，数字系统泄露的后果更具规模化和不可逆性，对公众信任构成直接威胁。

除此之外，内部数据滥用问题也日益突出。随着越来越多的组织内部人员、外包服务商或志愿者接触敏感数据，权限设置不清或监管机制的薄弱都将显著提高数据被误用、倒卖、篡改的可能性（Marks 和 Ugo，2012）。部分组织尚未建立有效的数据访问与使用记录制度，使数据操作可追溯性不足，加剧了违规行为的隐蔽性与不可控性。英国国家网络安全中心（NCSC）的报告指出，慈善组织在数据安全层面已成为网络攻击与内部威胁的高风险群体（Lindström，2022）。相关研究也表明，内部滥用行为在公益组织中并非个例，防范与溯源的技术与制度基础普遍不足（Arshad 等，2015）。一旦此类事件爆发，将对组织的信誉体系造成长期破坏。

（二）隐私侵犯层面：从数据优化到信任透支的伦理风险

在数字化应用不断深入的背景下，隐私侵犯问题也日益复杂化。尤其是在推动数据驱动决策与精准服务的过程中，组织可能在无意中跨越伦理边界。

为了实现服务个性化与资源精准匹配，平台往往采集大量用户信息，包括支付记录、地理位置、浏览行为等，但这些数据的实际使用常常超出公益目标所必需的范围，甚至被用于用户画像、行为预测乃至商业推荐等目的（Williams 等，2017），捐赠者和受助者的知情权与数据控制权由此受到侵蚀，影响其对公益平台的信任（Xu 等，2012）。

在数字平台记录与展示援助行为时，公益组织往往出于筹资或展示效果的需要公开具体案例，可能无意中暴露贫困家庭、残障人士或重大疾病患者的个人信息，造成“标签化”与社会排斥。有研究指出，公开展示受助儿童的照片与背景故事，虽有助于激发捐赠行为，但也可能导致受助者在现实中遭受歧视与孤立（Bingaman 等，2023）。这种隐私与动员之间的冲突和矛盾，暴露出伦理考量在信息公开中的缺位。同时，数字技术本身的一些特征也带来了新的隐私风险。例如，区块链虽然通过账本公开机制提升了资金流向的透明度，但交易记录中的时间、金额和地址信息可能被用于反向识别用户身份，导致捐赠者与受助者的隐私泄露（Wen 等，2023）。这一“过度透明”带来的隐私困境，需要在技术设计阶段通过制度性手段加以规避。

隐私侵犯不仅是技术滥用的结果，更是数字化运营逻辑中固有风险的体现。从数据收集、传播使用到技术设计本身，若缺乏明确的边界意识与伦理规范，数字化公益将面临信任透支的风险，并削弱其长期合法性与社会价值。

（三）技术合规层面：数字治理中的制度压力与监管挑战

在公益组织的数字化转型过程中，技术合规已成为不可回避的挑战。对于跨境运营的非营利组织而言，需同时应对多国隐私法规与技术标准，特别是对资源能力有限的中小型组织而言，相关合规压力构成了显著负担（Cordery 等，2023）。合规问题不仅关系组织的合法性，也深刻影响其在平台建设、数据治理与资源分配等方面的系统设计。其中，数据收集与存储的合规性是关键问题。以欧盟《通用数据保护条例》(GDPR)为例，该法规要求在数据采集前取得用户的明确同意，并保障“一键撤回权”、用途限定、数据最小化等用户控制机制。若组织未能在平台开发阶段嵌入相应机制，未来将面临合规成本的持续增长，甚至遭遇巨额罚款与法律风险（Albrecht，2016）。对于缺乏专业技术团队的公益组织而言，这类标准不仅提升了技术系统的复杂性，也加重了平台治理的制度负担。

跨境数据流动问题是更具挑战性的监管难题。国际慈善组织在应对跨国捐赠者或受助群体时，往往需将信息传输至多个法律辖区，而各国对数据出境、数据本地化等要求不尽相同。法律的差异性迫使组织在技术架构上采取地域分区、差分隐私等合规性增强措施（Balboni 等，2025)，这不仅抬高了技术门槛，也对组织的信息治理能力与跨部门协作机制提出了更高要求。

另外，技术合规也在于安全防护能力与法律责任的匹配。GDPR 等法规要求组织部署“适当的技术与组织性保障措施”，涵盖数据加密、访问权限管控与定期安全评估等内容。但现实中，大量中小型慈善机构因预算与技术能力不足，难以构建完整的防护体系。多数组织依赖第三方平台进行数据托管，未建立有效的监督与审计机制，由此带来的隐性安全漏洞风险不容忽视。

随着人工智能被广泛应用于捐赠推荐、受助对象识别等环节，算法偏见、模型歧视等问题日益显现。这类问题不仅威胁公益决策的公正性，也可能触犯反歧视法、算法透明度相关条例等监管“红线”（Shin 和 Shin，2023)。若组织缺乏对算法公正性、可解释性的评估机制，在使用外部智能工具时将面临较高的合规与伦理风险。

技术合规不只是“是否守法”的技术问题，更是涉及平台建设、数据治理、算法使用与组织责任的系统性挑战。它对组织的专业能力、监管认知与内部制度建设提出了全方位要求，也揭示了数字化公益转型在制度适配与伦理规范方面的深层矛盾。

三、数字技术依赖的系统性风险

随着慈善组织对数字技术的依赖日益加深，数字化转型在带来显著赋能效应的同时，也逐渐积聚了多种系统性风险。这些风险已不仅限于工具层面的技术问题，而是深度嵌入组织的制度架构与治理逻辑之中，开始对传统慈善的运行基础产生影响（Eubanks，2018）。尤其在决策机制、资源配置和信息透明等核心环节，数字技术所带来的权力重组与技术中介化趋势，引发了新的治理挑战。为回应这些深层问题，亟须构建一个涵盖伦理重构、技术治理与能力建设的系统框架，以实现技术工具性与价值理性的动态平衡，并重建组织在数字环境中的自主数字主权。

（一）伦理价值的边缘化：技术理性主导下的道德隐忧

在大数据与算法模型广泛应用于公益实践的背景下，尽管技术有效提升了组织效率与资源匹配能力，但伦理与道德问题却日益凸显。特别是在技术理性与公益理念之间，组织往往难以实现有效平衡，伦理价值的权重逐步被追求效率的工具逻辑所削弱。Crawford 和 Calo（2016）指出，数据驱动型决策机制本质上偏好“看得见的数据”，极易忽略隐藏在指标背后个体的复杂处境与非结构化困境。例如，在基于算法的受助人筛选过程中，系统倾向于采用量化指标进行优先排序。然而，这种基于数据信号的选择机制忽视了数据背后可能存在的“沉默困境”，那些数据不易被识别但实际上处于高度脆弱状态的边缘个体，如慢性病患者、长期受歧视者或处于文化排斥中的人群（Sweeney，2013；O'Neil 等，2016）的需求被忽略。这种偏向可量化需求的决策逻辑，实际上形成了“数据贫困”（Data Poverty）现象，即真正处于脆弱境地的人反而因数据不可见而被系统性排除（Gillespie，2014）。

同时，对自动化系统的高度依赖也削弱了公益组织对复杂伦理情境的主观判断能力。在涉及敏感议题，如隐私保护、标签识别或利益冲突等场景中，系统若缺乏足够的人工监督机制，往往更倾向于执行对

“效率最有利”的策略，而牺牲对个人隐私权益的尊重（Pasquale，2015）。另外，更深层的问题则体现在数字权力的集中趋势上。正如 van Dijck（2018）所言，平台型技术供应商凭借对核心数据资源与算法模型的掌控，形成了“数字利维坦”（Digital Leviathan）。这不仅使公益组织在关键技术选择与数据治理中日益依赖外部平台，也在事实上将部分治理权“外包”于算法系统，从而使伦理治理边缘化，甚至退位于效率目标之下。Verma（2019）进一步指出，若这一趋势持续发展，数字化公益将面临“算法暴政”（Algorithm Tyranny）的风险，即平台与算法决策机制主导捐赠流向、资源配置与公众沟通，侵蚀公益组织自主性，削弱其价值导向与道德使命的履行空间。

（二）技术故障冲击：高度依赖下的脆弱性暴露

随着慈善组织对数字技术依赖程度的持续加深，技术故障所带来的潜在冲击愈发显著，即便是轻微的系统波动或平台宕机，也可能对组织的核心业务流程产生实质性干扰。特别是在高度依赖数字平台完成捐赠、传播与沟通的情境下，一旦捐赠者在操作过程中遭遇技术障碍，不仅会影响使用体验，还可能中断捐赠流程，直接影响组织的筹资效率与项目推进节奏（Johnson，2023）。当平台可靠性受到质疑时，公众对数字渠道的信任也将随之下降。

更为严重的是，技术故障带来的影响并不限于运营延误，更可能引发数据安全层面的系统性危机。公益慈善组织所掌握的捐赠者信息、受助者档案及项目执行数据，构成其最核心的数据资产，一旦发生数据丢失、损坏或不可恢复，组织将面临重大功能瘫痪。无论是硬件故障、恶意攻击，还是数据中心事故，均可能导致关键信息流的中断。在缺乏高频备份与容灾机制的背景下，组织不仅无法继续追踪受助者状况或评估捐赠行为，还将面临公众信任受损与资源配置失效的双重风险（Suguna 和 Suhasini，2014）。这类冲击常常不仅影响当前项目的执行，也会对组织在资助方与公众中的长期声誉造成损害。

研究显示，绝大多数公益组织尚未建立完善的数字应急响应机制，一旦发生技术中断，常因缺乏替代方案而陷入长期停滞。这一问题与“数字负债”（Digital Debt）理论形成互证，即组织在技术采纳过程中形成路径依赖，逐渐削弱了自身的弹性和恢复力（Reischauer 等，2014）。换言之，技术嵌入越深，系统脆弱性被激发的可能性也越高。数字基础设施一旦失效，可能导致组织运行体系、服务流程及对外沟通的整体性中断。

（三）技术依赖风险：从能力结构失衡到系统脆弱性的加剧

在数字化深入发展的背景下，慈善组织对技术平台与专业人才的依赖程度持续上升，这种依赖逐步引发组织能力结构失衡与运行韧性下降等多重隐性风险。许多组织为确保系统平台的稳定运行与技术维护，将有限资源优先配置于技术相关岗位（Ruiz 等，2024），这在一定程度上削弱了项目管理、服务协同与受众关系维护等传统核心职能的投入，形成技术优先化而人文边缘化的倾向。随之而来的是，组织跨职能协调能力的减弱与整体社会适应力的下降，尤其在面对突发性社会需求时反应迟缓，难以灵活统筹（Ciarli 等，2021）。

同时，对技术系统的高度依赖也在无形中压缩了组织的创新探索能力。部分组织过度聚焦现有技术系统的运行与优化，忽略了其他替代性解决方案或潜在的战略选择，导致在面临新问题或新场景时，倾向于依赖既有平台而非主动构建多样化、灵活的响应机制。这种依赖不仅造成组织内部创新能力的弱化，也加剧了对外部技术供应商的绑定风险。许多公益慈善组织在引入云计算、人工智能等复杂系统时，由于缺乏内部开发与运维能力，往往依赖外部技术供应商提供全套服务。一旦供应商出现经营波动、并购整合或服务质量下滑，组织将面临响应滞后、数据迁移困难与安全风险上升等问题，严重时甚至可能危及平台连续性与公众信任（Nahrkhalaji 等，2018）。在此过程中，组织还需承担高昂的迁移成本与技术适配压力，系统重建的复杂性进一步放大了数字化风险。例如，当区块链技术在捐赠追踪应用中遭遇技术瓶颈时，那些高度依赖该技术的组织往往难以及时切换系统，从而影响快速响应能力与公众信任基础（Ahmed 等，2024）。

更值得警惕的是，技术高度嵌入将带来系统性脆弱性的放大。如服务器宕机、网络中断、软件失效等技术问题，均可能直接影响捐赠通道、信息流转和服务交付等关键流程（Ahmed 和 Abdullahi，2017）。在没有完备的灾备体系与应急机制的组织中，数据丢失、服务中断可能导致组织声誉受损、公众信任流失，乃至长期募资能力和运营效率下降（Ahmed 等，2024）。

数字技术所带来的不仅是效率提升，更伴随着组织能力结构重组、外部依赖风险与系统韧性削弱等深层次问题。若无有效制度回应与组织治理机制，技术依赖可能反过来成为组织发展的隐性风险源，削弱其在动态环境下的适应性与长期可持续性。

第三节　数字化转型的韧性应对框架

一、技术势能与社会动能的互动模型

在数字技术加速渗透公益慈善领域的背景下，如何理解技术对组织治理逻辑与价值实践的深层重构，成为理论界与实践界共同关注的核心议题。技术决定论、技术建构论与技术社会论分别从不同角度解释了数字化如何介入公益慈善的演进路径。技术决定论认为，算力提升与算法演化推动了慈善组织从“经验驱动”走向“数据驱动”，技术在这一过程中被视为变革的主要动力；技术建构论则强调工具理性可能侵蚀价值理性，使慈善组织陷入“数字泰勒主义”的陷阱（Bernholz，2021）；技术社会论则进一步指出，技术始终嵌入社会制度与价值体系之中，其发展路径离不开特定语境的支持与调适。然而，尽管该视角揭示了“社会如何塑形技术”，但多停留在宏观层面，尚难充分解释技术如何在组织实践中嵌入、转化并反过来影响制度安排。

为此，本书从实践视角出发，构建“技术势能—社会动能”的交互模型，以刻画公益慈善领域的技术能力演进与社会环境反馈之间的双向作用机制。该模型用于揭示技术赋能过程中的动态互动与价值协商。所谓技术势能，指以算力、算法与数字基础设施为核心的技术供给体系，通常表现为组织信息处理、资源调度与智能决策等能力的提升。这种势能具体表现为云计算、人工智能、区块链等前沿技术的集成应用，它们推动了组织在信息处理、资源调配与治理决策等方面效率的提升，显著增强了组织的数字响应速度与智能管理水平（Brynjolfsson 和 McAfee，2014）。与之相对，社会动能强调制度规范、伦理预期与文化价值等社会要素对技术应用路径的引导与约束。这些动能并非对抗技术，而是在实际应用中对技术逻辑加以吸纳、调适与规范，使技术真正服务于社会价值的实现。例如，欧盟《可信赖人工智能伦理准则》（AI HLFC，2019）和《人工智能法案》（European Commission，2024）明确要求在算法治理中保留人类否决权，以避免技术决策对弱势群体造成结构性歧视。从实践层面来看，“技术势能”为组织变革提供了能力基础，“社会动能”则设定了技术发展的价值边界。两者通过持续互动、博弈与融合，共同塑造了数字化公益组织的转型路径。技术并非单向推动变革的外力，社会规范亦非技术应用的被动接受者，两种动能的相互作用才能使组织避免落入“技术至上”或“价值空转”的陷阱，两者之间的协同演化构成了公益组织数字化韧性的关键动力机制，应在公益组织效率提升与价值坚守之间找到平衡，实现真正的可持续发展。

基于“技术势能—社会动能”的互动框架，本章进一步提出，结构、心理与资源 3 类赋能机制，构成了数字技术势能向组织韧性转化的关键路径。通过赋能机制的持续推进，数字技术助力公益组织在内部积累了关键韧性能力，包括提升在系统风险与突发事件中维持连续运行与应急修复的能力（容错能力）、增强组织成员面对技术变革时的认知吸收与协同应对能力（适应能力），以及在伦理争议、监管变化或社会舆论压力下，及时调整技术逻辑与治理结构的能力（调节能力）。这种基于赋能机制的能力构建，为组织实现转型提供了支撑，也为未来的公益系统在实现协同重构与生态跃迁等方面奠定了基础。

二、数字赋能的协同演进机制

在技术势能向社会动能转化的过程中，赋能机制发挥着关键的中介作用。大数据、人工智能等数字技术不仅是工具和手段，更深度介入组织的能力结构与行动逻辑，成为推动人道主义实践范式演进的重要驱动因素（吴磊，2022）。数字赋能具有三重路径：第一，通过物联网、移动互联等前沿技术打破信息屏障，构成以技术导入为基础的结构赋能；第二，数字平台促进多方主体参与，激发社会动能，表现为心理赋能的协同释放；第三，数字技术还通过优化资源配置与流动，推动资源赋能的高效融合。三重路径不仅突破了传统工具理性视角，也奠定了技术嵌入与社会建构之间持续互构的逻辑基础（Orlikowski，1992）。在数字化公益的具体实践中，赋能机制展现出层级递进、过程导向的特征（Staples,1990）。

在个体层面，信息通信技术有效降低了弱势群体的参与门槛，增强其行动力与社会可见性（Guitierrez 和 Ortega，1991；Solomon，1987）。赋能的核心在于提升个体对资源与环境的控制力，从而扩大其社会影响力，推动更广泛的社会结构变革（Pinderhughes，1983；Gruber 和 Trickett，1987；Kieffer，1984；Parsons，1991）。

在组织层面，数字赋能主要通过结构、心理与资源 3 类机制，支撑公益组织在内部层面的韧性与适应能力构建（Thomas 等，1990；Leong 等，2015）。具体而言，结构赋能不仅通过优化信息流动与内部流程提升了组织体系的运行韧性，也通过开放式平台扩展了组织与外部环境之间的协作；心理赋能在更新技术认知与推动文化适配的基础上，强化了组织成员的吸收与协作能力，同时拓展了与外部公众的共识基础；资源赋能则在动员、吸纳和整合内外部资源中发挥作用，促使公益组织不仅在组织内部，也在更广阔的社会体系中得以实现资源统筹与能力的延伸。

然而，赋能机制针对组织内部能力构建的技术势能积累，并不会自动转化为生态层面的结构重塑。组织韧性的提升为后续与环境的深度互动奠定了基础，但整个生态升级的真正启动，依赖于数字技术在更广阔的社会空间中的激活和扩散。在更为宏观的公益慈善生态系统中，数字技术通过构建去中心化、可追溯的信任结构，重塑了人与技术、人与组织之间的关系模式，促使个体身份从被动的资源接受者转向主动的社会参与者（Zimmerman，1995、2000）。这一转变不仅赋予了实际的能力提升，更体现了通过强化参与和行动实现自我主张与社会融入的深层赋能理念（Altermark 和 Nilsson，2018）。

因此，“技术导入—能力构建—场域变革”的演进路径，实质上体现了技术逻辑与社会逻辑之间持续的、动态的互构过程。在这一过程中，技术势能通过结构、心理与资源 3 类机制内化于组织体系，又通过组织与外部环境的开放协作和公众参与外化为公益生态系统的整体跃迁，最终推动数字化公益体系在结构开放、协同治理与可持续发展方向上的不断深化，拓宽了社会动能释放的空间。

（一）结构赋能：以流程再造夯实组织容错与调节能力的基础

在公益慈善组织数字化转型过程中，结构赋能作为推动组织韧性提升的重要机制之一发挥了关键作用。通过引入敏捷操作技术（Smith 等，2020）、数字化管理系统与知识共享平台（Brown 等，2015），组织内部流程得以简化，操作自动化水平提高，这不仅降低了人为出错率，也显著提升了信息处理与决策响应速度。基于人工智能与数据分析的管理系统（Johnson 等，2021；蔡跃洲和马文君，2021）进一步推动了资源配置向数据驱动的精准化方向发展，拓宽了组织在应对不确定性时的容错机制与弹性空间。

同时，社交媒体支持下的分布式协作网络（Namisango 和 Beydoun，2022）打破了传统组织的地域限制，构建起多节点互补、具有弹性的协作体系，确保在局部职能受损时，依然能够实现跨部门、跨平台支撑。协同平台的广泛部署（周洲和吴馨童，2022）则进一步优化了任务分配与资源调度，提高了组织在异地环境下的灵活协作能力。以 eBay 公益连接平台（eBay Charity Connect）项目为例，该项目在新冠疫情期间通过构建多层嵌套的韧性系统（Richey 等，2025），有效保障了服务的连续性与协作网络的稳定性，成为数字化背景下结构赋能效应的典型实践。

与此同时，结构赋能是否能够持续生效，也依赖组织韧性的支撑保障。Murniece 和 McCarthy（2021）指出，数字筹款体系、远程协作机制与信息化平台的导入，不仅优化了组织的日常运作流程，也打破了传统制度层级的刚性边界，增强了组织的弹性与联动性。这种弹性作为韧性能力的重要组成部分，使组织在结构赋能推进过程中，能够更有效地吸收技术变革带来的冲击，确保流程再造与组织重塑举措在动态环境下持续落地并稳步推进。

进一步而言，Nikita 等（2024）和 Nahrkhalaji 等（2018）的研究表明，若希望持续保持应变能力，组织必须在治理体系层面建立动态调节机制，能够主动识别并回应技术演进、监管调整及社会期待的变化，从而在不确定环境中维持赋能机制的韧性支撑与自我修复能力。

（二）心理赋能：认知重构与组织活力激发中的适应性生成

在公益慈善组织的数字化转型过程中，心理赋能作为能力构建的重要路径，在组织内部推动了认知结构与文化机制的更新与重塑。李健（2023）指出，数字化转型要求构建以学习、试错与授权为核心的组织文化，激发员工主动拥抱技术变革，通过信念激活与机制授权，提升组织面对变革的凝聚力与响应速度。这种由内而外的文化机制，有助于打破组织惯性，为组织适应复杂环境变化提供认知基础与内生动力。

区块链与大数据技术构建的可视化追溯体系，提升了公益流程的透明度，将传统上低可见性、高信任成本的“善意”行为转化为可监督、可验证的过程（李永欣和王建新，2020），从而增强了公众对组织行为的理解与信任（Guo 和 Saxton，2014；Andreini 等，2018）。数字平台提供的实时交互机制进一步加深了公众与组织之间的联结（Zheng 和 Lee，

2020），促进了新型数字社会资本的积累，并为组织在面对环境变化时提供了信任支撑。

在此基础上，针对公众的心理赋能机制也发挥了重要作用。Santos 和 Zhang（2018）指出，微慈善与游戏化机制通过情境转化降低了公众参与门槛；Owens Jr（2013）发现，游戏化策略能够有效提升用户的动机与持续参与性；而 Tsai（2021）强调，虚拟现实等沉浸式技术通过激发同理心，显著增强了捐赠意愿。这些机制不仅延长了公众参与周期，也为数字化公益生态的活力更新提供了外部动力。

（三）资源赋能：要素重组与平台协同中的韧性延展

在公益慈善组织的数字化转型过程中，资源赋能的核心在于打破传统资源配置的边界，通过数字技术贯通内部要素流动与外部资源拓展，构建具备弹性与适应性的协同生态。数字技术通过开放式创新平台（Lee 等，2012）打破了组织内部的边界壁垒，推动跨部门协作（Kanter 和 Fine，2010）与资源共创（Srivastava 和 Shainesh，2015）。黄祖辉等（2022）指出，技术赋能突破组织边界后，能够引导关键要素在生态层面重组，弥合服务鸿沟，形成开放、协同、共生的公益网络。这一过程依赖于技术供给与场景需求的精准匹配（Rubalcaba 等，2012）以及数字化能力与协同机制的动态共演（McNutt 等，2018）。

然而，资源重构并非自动发生，其取决于组织的调节与吸收能力。Rubalcaba 等（2012）指出，技术设计与需求脱节可能反向削弱赋能效果；Kerrison（2023）则强调，数字人才短缺与制度路径依赖也是主要障碍。组织需要通过制度弹性与治理调节，确保资源赋能的持续释放。

同时，公益组织通过整合技术、资金与信息资源，拓展了能力体系的外部边界。人工智能在灾害响应与教育普及中的应用（Elamin，2024）、区块链慈善管理平台提供的透明与可审计特性（Farooq 等，2020）、虚拟现实增强公众情感连接的能力（Tsai，2021），以及在线捐赠模式对资金流动与响应速度的加速（Rahman 等，2024；Osili 等，2021），均体现了数字技术在提升服务供给、资源动员与社会参与中的作用。

第四节　技术应用的场景化实践和应对

一、智能技术赋能场景

（一）腾讯“AI 寻人”

腾讯“AI 寻人”项目是由腾讯优图实验室发起的，致力于通过跨年龄人脸识别技术，协助公安机关寻找失踪人口。项目依托深度神经网络模型，针对儿童到成年阶段人脸特征的变化进行了建模，大幅提升了跨年龄识别的准确率。以福建省公安厅“牵挂你”防走失平台为例，2019 年通过该技术成功找回 1091 名走失儿童，展现了人工智能在社会救助领域的应用潜力。

“AI 寻人”能够在亿级人脸数据库中快速检索与匹配，大幅缩短了案件侦破和寻人时间。除了协助警方破案，腾讯还推出了“优图天眼寻人解决方案”，将人脸识别与大数据分析结合，进一步提升了寻人系统的整体响应速度与准确性。该公益项目的推进，改变了传统寻人主要依赖目击线索、信息传递缓慢的局限，显著缩短了寻找失踪人员的响应时间，为失踪人员家庭提供了更及时、更可靠的社会支持途径。

1. 技术导入：AI 势能触发寻人流程重构

腾讯“AI 寻人”项目通过整合人工智能、大数据与云计算等核心技术，构建了跨年龄人脸识别系统，重塑了传统寻人路径。其核心技术依托腾讯优图实验室，采用分布式蒸馏学习（DDL）等迁移学习策略，有效克服了青少年容貌变化带来的识别难题。系统基于深度学习模型提取面部特征向量，实现与公安机关数据库、公益机构信息的高效匹配，在技术结构上形成数据采集、模型训练、结果反馈的完整闭环，保障了信息处理的实时性与隐私安全性。

相比以往依赖人工传单和媒体发布的被动寻人模式，AI 技术的导入不仅显著提升了寻人效率，也激活了社会协同逻辑。公众可通过腾讯公益平台、QQ“全城助力”等接口上传线索，平台即时响应反馈，这种机制既缩短了匹配周期，也促发了数据共享、机制联动与公众参与的良性循环。技术势能在此过程中实现了社会动能的有效转化，成为推动公益实践数字化转型的重要支点。

2. 能力构建：数字赋能推动效能跃升

在组织能力构建上，“AI 寻人”项目展现了结构赋能、心理赋能与资源赋能的协同作用。结构赋能体现在流程自动化与平台集成化上，系统打通 QQ、微信、公益平台等多端入口，实现跨平台、跨地域的任务协同，有效提升了识别效率与服务稳定性。标准化流程降低了操作门槛，增强了系统韧性。

心理赋能则表现为公众行为与组织认知的双重激活。技术工具的普及促使公众由信息接收者转变为线索贡献者，组织内部则由经验决策逐步转向数据驱动。这种认知框架的重塑提升了公众信任和员工适应性，强化了组织在不确定情境下的反应能力。

在资源赋能层面，该项目整合公安、公益、平台、媒体等多源数据与服务资源，推动形成跨部门的协同网络。通过数据共享机制与合规安排，不仅提升了资源整合效率，还增强了组织对外部制度环境变化的调节能力，拓展了组织的行动边界。

3. 场域变革：多元协同推动生态跃迁

“AI 寻人”项目在个体、组织与平台生态 3 个维度引发了场域重构，共同推动了数字化公益良好生态的形成与升级。对个体而言，走失者家属可通过小程序自主发起图像上传和搜索请求，体现了“数字平权”在公益服务中的实践。组织层面，数据驱动推动公安机关与公益组织形成稳定协作机制，构建以腾讯为平台的联动治理体系，实现了科技企业、政府与公益组织三方联动。

在生态层面，该项目通过聚合政企资源、公众参与与媒体传播，构建了多主体共治的公益生态。平台不再是中介工具，而是信任链接与治理协同的核心节点。例如，中国中央电视台（CCTV）《等着我》等节目传播案例的社会反馈进一步强化了项目的公众影响力，推动“科技向善”理念的主流化。这种转型表明，技术不仅重塑了组织内部流程与个体参与方式，更激发了跨界合作的生态潜能，成为公益场域深度变革的核心驱动力。

4. 制度保障与未来路径：从伦理审慎到机制建构

尽管腾讯“AI 寻人”项目取得了显著成效，其持续性发展仍依赖政策伦理保障与可复制机制的建立。在数据隐私方面，项目严格执行《中华人民共和国个人信息保护法》，采用加密存储与用途限定机制，确保敏感数据在公益场景下的合法合规使用；在算法公正方面，通过优化训练集结构与监测模型以减少偏差，努力降低识别偏误风险；在技术边界方面，系统仅向实名核验的公益组织和公安机关开放，防止功能滥用；在公众监督方面，通过定期公布识别成果与项目进展，增强公众信任基础。

该项目提供了 4 项可借鉴策略：第一，构建“技术赋能 + 跨界合作”的平台治理机制；第二，聚焦社会“痛点”，强化“需求导向”的技术场景嵌入；第三，推动从组织联动向社会共治的参与模式转型；第四，建立覆盖授权、反馈与数据安全的标准化制度体系，为项目复制与政策嵌入提供依据。

5. 小结：智能技术推动公益范式重塑

“AI 寻人”项目不仅展示了数字技术在解决社会难题中的实际成效，实现了寻人流程的智能化重构，也标志着传统以人力为核心的公益模式，正逐步转型为以智能算法与平台机制为支撑的精准化、网络化新范式。同时，项目通过数字赋能机制有效提升了组织的运行能力与协同生态，为科技公益提供了可持续的发展路径。整体上，项目展现了数字技术由工具逻辑向制度逻辑、价值逻辑的转化过程，凸显了“技术势能—社会动能”协同演化的实践路径与理论价值。

（二）字节跳动“跳跳糖”公益项目

“跳跳糖”公益项目由字节跳动于 2022 年发起，旨在为青少年、孤独人群与心理困顿者提供低门槛、可持续的心理陪伴服务。该项目依托字节跳动强大的技术能力和平台生态资源，构建了一个集“智能匹配、实时陪伴、风险识别、个性反馈”于一体的公益平台。不同于传统心理热线或线下志愿者调度，“跳跳糖”公益项目强调以人工智能为核心驱动，实现情绪识别、任务分配与陪伴过程的高度智能化，探索出一种融合科技、关怀与协同的新型“情绪型公益”路径。

1. 技术导入：人工智能在情绪识别与表达支持中的探索性应用

“跳跳糖”公益项目以人工智能技术为工具，依托字节跳动在自然语言处理与语义理解方面的能力，项目尝试利用人工智能算法对青少年书信、留言等文字内容中的关键词与语言情绪进行识别，从而辅助志愿者判断受助者的心理状态，特别是在亲子关系紧张、孤独感增强等风险表现上提供初步判断依据。这种人工智能参与的情绪识别机制，在与“蓝信封留守儿童关爱中心”的合作中得以部分实践，提升了心理关怀的反应效率与个性化响应水平。

同时，项目将人工智能应用于视觉内容生成。通过人工智能插画生成工具，将乡村儿童的诗歌创作转化为图像，实现情感表达的跨模态展示。这一技术手段不仅增强了孩子们的表达与互动能力，也为公益传播赋予了更具象、更亲和的媒介形式。例如，在“跳跳糖公益体验日”活动中，志愿者使用人工智能生成插画和音频，以回应乡村孩子们写下的诗歌。这不仅是诗与画的结合，更是心灵的共鸣。

目前，“跳跳糖”公益项目在情绪识别、内容生成与心理陪伴过程中的人工智能探索，已展现出人工智能等数字技术在“情绪型公益”实践中的赋能潜力与发展前景。

2. 能力构建：以人工智能为支点的多维赋能机制

在结构赋能方面，“跳跳糖”公益项目通过自然语言处理中的关键词提取和信件内容聚类，对大量青少年来信进行初步分类，辅助后台运营人员实现更高效的任务分发与风险初筛。这一机制在一定程度上提升了流程标准化水平，增强了平台在应对多用户服务需求时的灵活性与响应速度。

在心理赋能维度，项目尝试将人工智能技术应用于文字情绪识别与心理反馈支持，探索更具针对性的陪伴机制。项目利用自然语言处理算法分析信件中的情绪倾向和语言风格，辅助志愿者识别亲子关系紧张、情绪孤独等潜在心理风险，从而优化陪伴节奏与沟通策略。同时，项目还设有服务反馈窗口与互动可视化界面，鼓励志愿者记录感受与建议，强化其服务成就感与持续参与意愿。

在资源赋能方面，“跳跳糖”公益项目充分整合了字节跳动旗下抖音、今日头条等平台的传播能力，使公益内容获得更广泛的社会关注。项目同时与“蓝信封留守儿童关爱中心”等公益组织建立合作关系，推动心理陪伴服务与数字内容平台的联动。借助人工智能插画生成、短视频创作等新媒体形式，项目拓展了心理关怀的表现形式与传播路径，为“情绪型公益”提供了技术引导下的多元参与模式。

3. 场域变革：情绪型公益的多层级场景重塑

在个体层面，“跳跳糖”公益项目通过人工智能辅助下的情绪识别机制，不仅提高了个体获得心理支持的可及性，也提升了志愿者在服务过程中的陪伴感与成就感，增强了双向的情感联结。在组织层面，该项目推动了科技企业与公益组织之间的协同合作新范式。字节跳动提供平台资源与算法支持，“蓝信封留守儿童关爱中心”等公益组织则贡献专业服务与实践经验，双方在内容创作、服务流程及反馈机制等环节形成了有效互补。这种协作关系促使心理陪伴服务从传统线下逐步向线上平台化转型，提升了服务的规模化供给能力与运行效率。

在生态层面，“跳跳糖”公益项目借助抖音、今日头条等平台的数字传播网络，将公益内容嵌入日常社交与娱乐语境中，提升了公众对心理陪伴议题的关注度与参与度。项目所采用的短视频、人工智能插画等媒介形式，模糊了专业心理服务与大众传播之间的界限，也推动了情绪型公益向日常化与大众化演进的趋势。总体而言，“跳跳糖”公益项目在情绪识别、内容生产与志愿协作等多个环节实现了平台技术的有效嵌入，逐步构建起融合人工智能、数字传播与社会动员机制的新型“情绪型公益”场域，为数字时代下公益服务的场景重构与生态升级提供了可行路径与实践范式。

4. 制度保障与未来路径：推动“情绪型公益”的标准化与平台化演进

情绪识别与心理陪伴服务的数字化转型，尤其在涉及未成年人与心理困顿人群时，在算法使用、数据处理与情感介入等环节均存在敏感性。在实践过程中，项目应该注重构建技术伦理框架，明确人工智能在情绪识别过程中的辅助属性，防止其替代性角色造成风险误判或心理依赖。同时，项目应引入人工复核机制与志愿者反馈闭环，以缓冲人工智能决策的不确定性，确保在识别、干预与陪伴过程中的人本导向得以坚持。在算法治理方面，应强调算法逻辑的适度透明与响应机制的灵活可调。对模型训练与文本分析过程中的语言偏差、情绪误判等问题，应该强化风险评估与责任分担机制，推动算法开发与使用更加贴合公益服务的审慎性与伦理性。

“跳跳糖”公益项目拓展了数字心理陪伴的应用边界，逐步形成了具有推广潜力的实践路径：一是建立平台技术与公益组织之间的跨界协同机制，给与人工智能在社会心理关怀中的可行落地路径；二是推动内容传播与服务流程的一体化融合，拓展情绪陪伴的参与场景与应用人群。借助人工智能插画、短视频等多模态手段，项目有效提升了公众对心理支持议题的认知与参与意愿，为“情绪型公益”在更广泛平台与场景中的复制推广提供了范式参考。

5. 小结：人工智能驱动下的“情绪型公益”新范式探索

“跳跳糖”公益项目作为探索“情绪型公益服务”路径的实践样本，展现了人工智能技术在数字心理陪伴中的嵌入潜力与多维价值。从文本情绪识别到视觉内容生成，从志愿者服务支持到传播机制联动，项目打通了技术、平台与公益组织之间的协作通道，有效推动了心理支持服务的数字化转型。尽管当前仍处于探索阶段，部分功能尚未实现全面部署，但其在情感识别机制、内容生产方式与参与模式上的创新实践，已为构建具有数字韧性的心理关怀生态提供了有益经验，也为“AI + 公益”的融合发展指明了方向。

二、可信连接技术场景

（一）支付宝公益平台

支付宝公益平台由蚂蚁集团旗下的支付宝于2008年推出，旨在通过数字技术连接公益机构与公众，降低公益参与门槛，提升公众的公益参与便捷性与持续性。用户可通过支付宝App内的“爱心捐赠”入口，便捷地参与教育、扶贫、环保、医疗救助等多个领域的公益项目。平台支持小额捐赠、能量捐赠、步数捐赠等多种形式，满足不同用户的多样化公益参与需求。

在运营机制上，支付宝与多家公益组织合作，确保捐赠资金透明可查，并通过平台实时反馈项目进展和善款使用情况，增强了公众对公益项目的信任感与参与意愿。

支付宝公益平台的推出，使“人人公益、随手公益”成为现实，推动了公益文化从传统大型捐赠向小额化、日常化转型，在中国社会公益文化的演进过程中发挥了重要作用。

1. 技术导入：区块链势能激发公益信任机制重构

支付宝公益平台通过引入蚂蚁集团自主研发的区块链技术，重塑了传统捐赠流程的信任逻辑，有效回应了信息不透明、资金流程模糊、公众信任薄弱等公益治理难题。依托区块链的不可篡改性与全流程记录机制，平台实现了捐赠资金从发起到使用的实时可视化跟踪，首批试点项目，如中国红十字基金会的“和再障说分手”项目和壹基金的“海洋天堂计划”，即借此实现账目全链披露，显著提升了执行透明度。

平台的设计不仅使捐赠者从被动出资者转变为链上监督者，也构建了可共识、可协同的技术信任中枢，推动了公益组织间建立更高效的协作秩序。区块链的云端部署与高并发支持能力，为平台大规模推广和可持续运行提供了技术保障，标志着公益生态迈向了更加透明、高效与互信的数字化转型之路。

2. 能力构建：信任机制重塑与资源网络协同驱动

支付宝公益平台通过结构、心理与资源 3 类赋能机制，系统性提升了公益组织的治理水平与社会动员力。结构赋能表现为区块链底层对项目流程的标准化支持，推动了中小公益组织治理结构的流程透明化与责任制度化；心理赋能则聚焦于公众信任修复，通过链上流程公示，增强了捐赠者的参与感与信任感，也反向促使组织主动承担公开责任；资源赋能方面，平台整合支付、传播与用户数据分析功能，并通过多渠道打通资源流入路径，使公益组织得以在低技术门槛下对接高效引流通道，逐步形成了资源获取的“平台化逻辑”。平台型协同机制不仅拓宽了资源边界，也提升了数字工具与公益实践的融合能力。

作为数字化公益的基础设施平台，支付宝爱心捐赠项目以区块链为核心技术载体，从制度建设、公众关系与资源整合 3 个方面形成了强有力的能量放大器效应，促进众多公益组织能够以较低的技术门槛实现数字化转型。

3. 场域变革：推动公益生态系统的数字化转型

随着区块链在公益场景的深度嵌入，支付宝公益平台推动了“点状项目数字化”向“系统协同治理”转型。在个体层面，公众参与由匿名、被动的捐赠行为转变为透明、可验证的互动过程，公众在信息可视化环境中形成更强的归属感与参与意愿。在组织层面，平台标准接口与底层技术的开放，使大量中小公益组织得以快速接入数字治理基础设施，推动组织之间形成协同互信的网络格局。平台通过赋能式支持机制，帮助组织从技术外包走向自主运维，从而减轻了重复建设与监管负担。在生态层面，平台构建了一个由公益组织、社区机构、金融服务方和志愿者共同组成的数字化公益协同网络。“平台为基础设施、区块链为信任中枢”的基本网络架构，推动了公益场域从封闭式运作向开放共享的数字生态转型。

4. 技术治理与生态塑造：平台型公益的数字转型支撑

在推动公益透明化的同时，平台亦需面对数据隐私、算法公平、平台责任与公众信任等多重伦理治理挑战。平台通过用户知情同意机制、低门槛上链支持与公示制度等举措，应对信息合规、技术不平等与责任归属等问题。

进一步而言，支付宝公益平台通过制度设计与工具支持双轨驱动，探索出一套具备推广价值的技术治理路径：一是以“平台即基础设施”思维为众多公益组织提供通用技术底座；二是借助链上公示重构公众信任逻辑；三是通过传播机制与简化上链流程激发中小组织活力；四是以嵌入式反馈机制支持平台治理与行业规范发展，推动公益平台从工具集成走向数据与制度协同。

5. 小结：可信连接型平台推动公益信任逻辑转型

支付宝公益平台案例表明，区块链等可信连接技术不仅实现了捐赠流程的透明化重构，也通过流程标准化、认知信任修复与平台协同机制，系统提升了与公益组织的数字治理能力并优化了公众参与结构。平台以信任技术嵌入、制度规则强化和平台协作放大为逻辑，构建起覆盖个体、组织与生态的多层级能力系统，展示了“可信连接技术”如何驱动公益治理从经验范式走向数据范式，为构建可信、可扩展与制度化的数字公益生态提供了范式样本与实践价值。

（二）敦煌研究院发行 NFT 数字藏品

近年来，敦煌研究院积极探索数字技术与文化遗产保护的融合，推出了多款非同质化通证（NFT）数字藏品，旨在以创新方式传播敦煌艺术，吸引公众参与文化传承。2021 年，敦煌研究院与腾讯合作，在“99 公益日”期间发布了首款公益 NFT“数字供养人”典藏版，用户通过参与微信“云游敦煌”小程序的文化问答互动，有机会获得该数字藏品，所募集的善款用于敦煌石窟的数字化保护工程。

此后，敦煌研究院又与蚂蚁集团旗下的鲸探平台合作，推出了“寻梦敦煌”系列数字藏品，采用动态数字化与增强现实（AR）技术，生动再现敦煌壁画中的艺术形象。

以 NFT 为媒介，打破了传统文化传播的渠道局限，将敦煌艺术由静态展览延伸到可互动、可收藏的数字艺术，不仅为敦煌艺术赋予了新生命，也吸引了更多年轻人以数字化手段参与文化遗产的保护和传播，推动了传统文化在数字环境下的传承。

1. 技术导入：区块链与NFT推动文化遗产的公益型数字转化

敦煌研究院联合腾讯、蚂蚁集团等企业，将区块链与NFT技术引入文化遗产数字化实践，通过发行“数字供养人”和“敦煌飞天与九色鹿”等系列数字藏品，探索了文化保护与公益传播融合的新路径。平台基于区块链的不可篡改与确权能力，实现了数字藏品的全流程链上记录，提升了公众对其真实性、稀缺性和收藏价值的信任。

与传统静态展示相比，敦煌研究院NFT数字藏品项目（以下简称NFT项目）借助“云游敦煌”等小程序互动平台，实现了数字藏品的动态呈现与社交传播，扩大了文化传播的受众基础。公众可通过便捷的方式认领藏品，实现由“参观者”向“数字守护者”的角色转变，显著增强了文化参与的情感链接和公益性认同。

技术导入不仅优化了文物的数字呈现方式，更推动了文化传播机制的系统性重构。在NFT项目中，区块链与NFT技术不仅作为确权与防伪的技术工具发挥作用，更成为公众参与文化公益、认同历史记忆的重要媒介。通过构建可溯源、可交互的数字藏品体系，项目有效拓展了文化遗产保护的覆盖范围与传播广度，使数字技术从工具属性转化为具有公共性与情感凝聚力的参与机制，推动公益理念在文化场域中以全新方式生长与扩展。

2. 能力构建：三维赋能推动文化参与机制重塑

在能力构建方面，NFT项目通过结构、心理与资源三维赋能机制，构建了一个更具互动性与可持续性的文化参与体系。

结构赋能方面，区块链确权机制重塑了数字藏品的管理模式，推动文化机构在内容生产、权属管理与传播流程上的数字化升级。平台设计以小程序为载体，实现了技术嵌入的轻量化、参与入口的低门槛，降低了用户介入文化公益的技术壁垒。

心理赋能层面，NFT项目通过叙事化藏品设计与“数字供养人”称谓激发公众文化认同感，用户从单一购买行为转向情感参与和身份认同，强化了公众对传统文化的归属感与传播意愿。数字平台所构建的仪式性机制与互动反馈，有效提升了用户的文化获得感与持续参与意愿。

资源赋能方面，NFT 项目联动腾讯、蚂蚁集团等企业资源，从内容制作、分发渠道到技术保障实现多主体协作，为文化机构提供了完整的支持体系。通过平台化运营，项目突破了传统文化传播的地理与人力边界，使文化遗产数字化项目更具传播广度、动员能力与商业可持续性。

NFT 项目并非单向度的“技术赋权”，而是通过结构机制优化、情感认知激发与资源系统整合 3 个方面协同运作，建立起一个面向公众开放、持续动员、兼具公益精神与文化厚度的数字文化参与机制。

3. 场域变革：从文化展示走向协同共创的生态演化

NFT 技术在 NFT 项目中的应用，不仅推动了文化内容的数字化升级，也引发了文化传播范式与治理逻辑的深层转型。

在个体层面，公众身份从被动接收者转向数字文化共创者，“数字供养人”的身份设定赋予了用户积极参与文化保护的象征意义，增强了认同感与公益行为的情感驱动。

在组织层面，敦煌研究院从传统学术与保护机构转型为具有平台特征的文化中介者，不仅承担文物数字转译职能，更参与数字传播、资源配置与公众动员。该项目构建了文化机构、平台企业与公众之间的新型协作机制，打破了文化传播的单向路径，形成了多元协同、网络共建的数字文化生态。

在更宏观的生态层面，NFT 项目以数字藏品为媒介，推动了文化内容与平台机制、社交逻辑的融合，实现了公益文化传播从“展示”向“共创”的机制转型，为数字时代文化场域的协同治理提供了可行样板。

4. 制度保障与未来路径：推动文化公益的合规性与制度化嵌入

尽管 NFT 项目取得了良好成效，但其运行仍面临诸多制度挑战，特别是数据合规、著作权保护、技术公平性与公众信任等维度。

首先，NFT 藏品关联文化版权与数字权属，平台需建立清晰的确权机制，确保数字资产合法生成与交易合规。项目运营过程中，应严格遵守《中华人民共和国著作权法》《中华人民共和国个人信息保护法》等法规，明确平台、用户与内容提供方之间的权责边界。

其次，NFT平台可能因操作复杂、接入门槛高而排斥部分弱势用户群体，平台可通过引导机制、界面友好设计与低门槛上链策略降低参与壁垒。此外，数字藏品的交易与传播过程也应设定用途限制，防止公益价值工具化或炒作风险影响平台形象。

基于NFT项目的实践探索，亦可归纳出以下4项可借鉴路径，为文化类公益项目的数字化推进与制度建设提供参考：一是构建“文化IP+技术平台”的双核驱动机制，实现内容价值与技术可行性的协同；二是开发“低门槛+高透明度”的参与机制，增强用户接入便利性与持续参与意愿；三是探索NFT技术和公益场景的组合模式，拓展公益组织和技术企业的社会功能边界；四是推动数据合规的标准化体系建设，提升项目的复制推广潜力。

5. 小结：区块链技术激发文化公益的多元共创范式

NFT项目表明，区块链与NFT技术不仅实现了文化遗产数字呈现方式的变革，也通过技术嵌入、身份重塑与平台协作，构建起融合文化价值、社会动员与数字机制的协同网络。不同于支付宝公益平台聚焦于资金流转的透明治理与公众监督机制，NFT项目更注重文化认同的建构与公众情感的激发。区块链技术在此不仅作为确权与防篡改的底层架构，更成为连接历史记忆、公共价值与社会参与的桥梁，为未来文化类公益项目的制度化推进与数字共建提供了有益示范。NFT项目以“可信连接”为核心逻辑，开辟了公益慈善与文化治理融合发展的新路径，展现出“技术势能—社会动能”模型在文化领域的延展潜力与制度价值。

三、感知计算技术场景

（一）空巢老人安全守护平台项目

杭州市富阳区空巢老人安全守护平台是由富阳区民政局牵头，联合科技企业共同研发的智慧养老公益项目，旨在为独居老人提供全天候的安全保障。该平台综合运用了热感、红外等非接触式感知技术，实时监测独居老人状态，判断其是否发生意外，并在平均 2.8 秒内给予预警，准确率高达 97%。平台配备了多种感知设备，实现了对老人常见家庭遇险场景的全覆盖；同时，平台建立了“10 分钟”救援机制，明确了监护人、社区和社会组织 3 个层级的救援责任，确保响应效率。

该项目于 2020 年在杭州市富阳区百合社区试点，为 100 户困难独居老人家庭安装了智能感应设备，成功监测并处置了 50 余次居家异常预警。作为物联网与数字服务技术在养老领域的实践探索，平台不仅提升了独居老人的居家安全保障，增强了社区在老龄化背景下的风险防控与关怀支持能力，展现了智慧养老在提升社会韧性与公共服务水平方面的积极价值。

1. 技术导入：物联网与数字服务驱动的养老创新

杭州市富阳区自主研发的空巢老人安全守护平台，通过集成热感、遥感、门磁感应等物联网传感器，实现对独居老人居家状态的实时监测。平台依托智能终端采集独居老人的生命体征、日常活动等关键数据，结合数据平台的分析，实现异常状态的快速识别与预警响应。平台同步引入跨系统协作机制，打通居委会、物业、志愿服务组织的多节点援助，形成了集数据采集、智能预警、应急调度于一体的体系，以数字技术有效提升了独居老人的安全保障。

2. 能力构建：三维赋能支撑智慧养老体系建设

在结构赋能层面，平台通过模块化部署多种感知设备，数据统一接入社区指挥中心，规范了养老安全数据的采集与异常识别流程，提升了对居家老人风险监测的及时性与系统的协同能力。心理赋能则是通过一键呼叫、异常提示与关怀推送等机制，优化老年人与平台之间的交互体验，增强了老年人在日常生活中对智能系统的信任感与接受度。在资源赋能层面，平台以社区为枢纽，搭建了以数据感知、异常预警与应急干预为核心流程的社区养老数字基础设施，打通了居委会、物业、志愿服务组织等基础服务节点，实现了数据流、预警流与响应流在社区范围内的有机衔接，初步构建汇集多元资源动态联动和高效响应的基层养老服务支撑体系。

智慧平台体系的搭建，为基层养老共治积蓄了持续发展的动能，逐步催生了社区内部的协作网络与应急响应机制，并为数字支撑向社会动能释放创造了条件。

3. 场域变革：基层协同模式与养老共治的演进

在智慧平台体系的支撑下，居家安全保障被深度融入独居老人的日常生活，以多方协作和高效响应机制，增强了老年人个体对社区公共服务体系的感知与信任。原本相对孤立的老年人群体，开始通过平台联结到社区关怀网络之中，形成积极主动寻求支持、参与互动的行为模式。

在组织层面，平台打破了传统居家养老服务碎片化、被动式响应的局限，推动居委会、物业、志愿服务组织等多元主体建立起常态化的协作流程。基于平台数据的信息共享机制、资源调度机制的优化，使各主体间的协作从任务驱动型转向了预防与关怀导向型，基层治理的响应速度与联动效率显著提升。

在生态层面，平台促成了社区治理模式从单一化、静态式服务供给，向动态风险感知、主动式关怀介入转型。公共部门、社会组织与居民家庭之间围绕居家老人的安全形成了更加紧密的责任共担机制，社区治理体系的开放性和协同性不断增强，为应对老龄化社会背景下的基层公共服务创新提供了实践样板。

4. 伦理挑战和路径提炼：智慧养老实践中的风险应对逻辑

富阳区空巢老人安全守护平台的持续应用和深化，将面临一系列与数据治理、隐私保护和技术适配相关的伦理挑战。系统收集老年人日常生活数据的过程可能引发个体隐私暴露与数据滥用的风险。如何在技术部署早期设定严格的数据用途限定机制、加强数据加密与分级管理，成为平台建设中不可回避的制度问题。同时，平台也需要防止因算法误判、延迟识别而导致救助失效，特别是针对高龄、认知障碍等特殊群体的服务公平性问题，需要平台不断优化异常判别模型，结合人工巡检与动态调整机制，提升系统的包容性和精准性。

基于该项目的实践探索，亦可归纳出以下4条可供基层组织实施数字化公益项目参考的路径：第一，基于物联网技术，构建动态感知与实时响应的基层服务体系。此路径不仅适用于智慧养老项目，还可推广至健康监测、低保家庭关爱、农村空巢老人看护等领域，形成数据驱动的主动式服务体系。第二，建立多元主体参与的公益供给机制。通过开放平台设置，融合社会组织、社区工作者、志愿者、公众等共同参与服务供给。第三，推动由数据驱动的信任生成机制建设。通过数据共享、实时可见与成果可验，促成居民、政府与社会组织之间的动态互动和信任共建。第四，基层政府推动公益数字化，适宜以“精准小切口”切入，选择可落地、影响可见、“痛点”突出的应用场景进行突破，形成示范效应后，再逐步扩展。

5. 小结：智慧感知技术赋能基层养老转型

富阳区空巢老人安全守护平台展现了智慧感知技术在基层养老治理中的赋能潜力。从风险感知到应急响应，平台不仅提升了居家养老服务的及时性与精准度，也重塑了社区内部的协作逻辑。通过物联网感知、数据预警与联动响应机制，平台构建起覆盖居家老人的基层关怀网络，推动了基层公共服务体系的数字化演进。同时，平台探索了以技术手段激发公众参与、促进多方协同与生态升级的路径，并提供了可借鉴的实践范式。

（二）网易“双碳”智控系统

网易“双碳”智控系统是由网易杭州研究院疾风 IoT 团队自2019年起研发的物联网平台，旨在通过智能化手段实现园区能耗的实时监测与优化控制。该系统已在网易园区、网易严选全国仓库以及网易味央猪场等场景中成功部署，显著提升了能源使用效率。例如，在网易园区，照明系统实现了智能联动控制，根据光照强度自动调节亮度，办公区域和运动馆等场所的节电率达到50%以上，地下车库的节电率更是高达90%。

2021年，网易将该系统开源，面向有碳中和目标的中小企业开放使用。通过降低技术门槛与部署成本，网易希望助力更多中小企业在转型过程中实现绿色低碳发展，探索节能减排的普适化解决方案。

1. 技术导入：模块化物联网系统推动节能机制开放共享

“双碳”智控系统，最初面向网易自身园区与仓储空间的节能需求，采用物联网传感器、边缘计算与智能控制等多项技术，实时采集温湿度、光照、二氧化碳（CO_2）浓度与人员动态等数据，实现空调、新风、照明等设备的动态调控，展现出物联网系统在高频环境控制场景中的技术适配性。

网易以开源方式对外发布，将企业内部节能成果转化为全社会可共享的数字工具资源。其低部署门槛与模块化架构，使非专业组织也能快速应用和灵活部署，为中小企业与基层机构的绿色转型提供了标准化、可复制的操作路径。这种从“系统内部优化”到“平台外部共享”的路径转化，展现了企业技术在“双碳”目标背景下的社会外溢效应，也为数字节能方案在公益基础设施中的嵌入提供了可行范式。

2. 能力构建：从流程技术到心理机制的系统赋能

在结构赋能方面，“双碳”智控系统通过标准化接口、模块化部署与远程集成控制，重塑了节能管理的基础架构，显著降低了技术门槛与部署成本。中小型组织无需高额研发投入，即可实现能耗监测、设备管理与能源优化，打破了传统节能改造对高专业能力与高投入的依赖，为中小型组织的绿色转型提供了可及性更强、韧性更高的基础设施支撑。

在心理赋能方面，系统通过实时能耗数据可视化、智能优化建议与成效反馈机制，增强了非专业用户对能源管理流程的感知与掌控。运营管理者能够直观理解节能措施与能耗变化之间的因果关系，降低了对绿色技术的不确定感与畏难情绪，催生了基于数据认知的主动转型意愿。同时，系统开源和低门槛的特性进一步强化了公众对绿色技术可接近性与自我控制感的认知基础。

在资源赋能方面，虽然系统本身不提供资金和物资资助，但其开源架构释放了技术能力，降低了节能领域数字化转型的成本壁垒。中小型组织可以通过标准协议和开放组件，基于现有设施接入“双碳”智控系统，获得接近企业级系统的能效收益。同时，围绕系统形成的技术生态网络也为不同组织之间在绿色转型过程中建立起了基础性的协作机制，促进了跨组织、跨领域的资源共享与经验互助。

3. 场域变革：节能系统平台化推动低碳协同生态

“双碳”智控系统的开放逻辑，推动了从单一节能工具向协同治理平台的演进。该项目不再仅聚焦节能技术的部署应用，而是通过公共技术能力的扩散，重新塑造低碳行动的组织机制与生态体系。

在组织内部，系统通过能耗数据可视化、智能优化建议与成效反馈机制，提升了管理人员对能源使用状态的直观感知。另外，非专业设施管理者也能在日常运维中通过可视数据反馈，形成主动参与节能调控的行为惯性，促使节能认知与绿色管理理念在组织内部的常态化植入。

在组织层面，尤其是中小型组织，通过平台接入智能控制系统，在资源有限的条件下也能够完成节能改造，显著提升绿色转型的可及性与执行力。平台不只作为技术提供者，更作为连接各类组织的枢纽，促进中小型组织提升绿色转型的集体行动力。

在生态层面，系统通过绿色数据的开放共享，促成了跨行业、跨主体的协作网络。这一网络并非依赖传统政策命令或资金补助驱动，而是通过技术赋能和绿色认知的扩散，逐步形成了以低碳治理为纽带的、自发的生态体系。

4. 制度支撑与推广路径：从企业技术向公益机制的转化策略

虽然“双碳”智控系统并不直接面向公益领域，但其技术开源的特征与平台化逻辑为公益场景的数字化基础建设提供了重要参考。从伦理和制度治理方面来看，系统实践揭示了3项关键需求：一是需持续完善数据标准化与隐私合规机制，确保不同机构在系统接入与运行中遵循统一、透明的数据治理规则；二是需搭建统一的技术支持体系与故障响应框架，提升非专业组织在长周期应用场景下的稳定性与可持续性；三是应积极探索与公益组织的共创机制，围绕社会服务、教育、医疗等基础设施领域，推动系统功能的场景化适配与应用创新，拓展技术成果在公益场景中的延伸价值。

在推广路径上，项目经验也为技术企业支持公益系统建设提供了可借鉴的策略：一是降低技术门槛，确保更多组织具备接入和运维的能力，是推动公益数字化基础设施普及的前提；二是构建可视化的数据反馈与绩效跟踪机制，能够激活使用组织的行动意愿与内在动力；三是技术型企业在内部应用成熟后，可通过技术开放、技术共享与生态协作，间接支持公共服务与公益场景的数字化转型，扩展绿色治理的社会外溢效应。

5. 小结：开源平台推动绿色协同机制的生态演化

“双碳”智控系统案例展现了技术型企业通过开放技术和平台资源，支持社会基层组织绿色转型的实践路径。该项目强调的是一种“共用平台 + 自主赋能”的新模式。换言之，该项目通过数字工具的开放共享，使中小型组织能够低门槛接入节能系统，强调了以平台支撑组织自我升级，而非单向资源输送的赋能逻辑。技术型企业以“低门槛 + 高适配”为设计目标，构建了可移植、可推广的节能体系，使节能能力从“企业内部专属”转化为“社会可共享资源”。该项目实践拓展了物联网技术在公益场域的应用边界，也为技术型企业的公益探索提供了“以能力赋能替代资金投入”的新思路。同时，平台机制也从服务企业节能演化为支撑跨组织生态，进一步验证了“技术势能—社会动能”转化模型在环境治理领域中赋能的可行性。

四、数据驱动决策场景

（一）阿里云公益 AI 平台

阿里云公益 AI 平台依托阿里云人工智能平台（Platform for Artificial Intelligence，PAI）技术，旨在通过云计算、大数据与人工智能技术，支持公益组织提升数据处理、智能分析与资源匹配效率。平台提供“一站式”机器学习建模、训练与部署服务，已在乡村振兴、环境保护等公益项目中应用，助力实现精准帮扶与可持续发展目标。

1. 技术导入：大数据与云计算构建多场景公益服务底座

阿里云公益AI平台以云计算和大数据、人工智能为技术核心，构建了覆盖数据采集、处理、建模与反馈的一体化公益基础设施。平台依托高性能云端架构，支持海量数据的实时接入与分布式处理，显著提升了公益项目在数据密集型场景下的运作效率与动态响应能力。

在医疗领域，平台通过整合各地医疗影像数据资源，应用智能筛查与数据分析技术，助力地方机构开展“医疗AI多癌早筛公益项目”，提升了疾病预警的精准度与普及性。在农业领域，平台通过环境监测数据建模与生长状态预测，支持智慧农业公益项目，实现了农作物健康管理的自动化与前置干预。

通过云端部署与开放式数据分析能力，阿里云公益AI平台不仅降低了公益组织应用智能技术的门槛，也为不同领域的公益实践提供了灵活扩展与协同连接的基础支撑。平台通过统一的技术架构支持多类应用场景，推动了大数据能力在公益系统中的跨场景迁移，展现出云计算与大数据在应对复杂公益需求时的核心枢纽作用。

2. 能力构建：多维赋能推动组织转型与生态升级

在结构赋能层面，阿里云公益AI平台，一方面通过统一的数据接入标准、模块化建模流程与云端分布式处理体系，降低了公益组织建设数据处理与智能分析系统的技术门槛，助力组织提升管理能力；另一方面通过标准化数据接口与自动化模型调用机制，显著压缩了服务响应时间与技术部署成本。例如，在与浙江大学医学院附属第一医院合作的项目中，平台支撑下的智能医学系统实现了医疗流程标准化与处理效率的双重提升。

在心理赋能层面，阿里云公益AI平台通过优化用户体验与服务交互，降低了公众个体与公益组织在数字应用中的采纳门槛。在终端服务中，平台引入可视化界面、语音交互机制，例如，在“追星星的AI”自闭症儿童公益项目中，儿童与家庭通过简洁界面即可生成个性化故事绘本，系统反馈及时且富有温度，有效增强了用户对智能系统的信任与参与意愿。而针对公益组织层面的导入，平台通过实时数据可视化与模型成效反馈，强化了非专业机构对数据价值的直观理解与应用掌控，激发了基层组织主动使用智能工具、开展数字化公益服务的积极性。

资源赋能方面，阿里云公益 AI 平台联合高校、医院、科研机构、社会组织、公众个体等，构建起跨领域的数据、人才与技术的协作网络。平台机制支持科研成果与社会服务之间的高效转化，助力公益组织动员多源资源，进一步提升了公益组织在复杂环境下的运行韧性与生态链接能力。

3. 场域变革：从服务工具向生态枢纽的角色转变

阿里云公益 AI 平台的多场景部署，推动了公益生态从单一服务的提供转向协同网络的互助。

在个体层面，受益者的角色由被动接受者转向主动使用者或者过程参与者。无论是农户通过平台获取种植建议，还是家庭陪伴自闭症儿童参与智能绘本制作，公益服务在持续的数据交互中强化了个体的主体感和参与感，公益行为逐步由一次性交付转向持续性互动。

在组织层面，平台的多场景部署，以网络为支点，打破了传统公益组织的职能限制和空间边界。如基层医院可借助平台接入三甲医院专家资源，实现远程辅助诊断；农业项目的参与科研机构通过平台实时获取农户反馈，动态调整种植模型，形成知识流动与场景应用的闭环。平台不仅促进了各组织间的信息流动和资源共享，也使各组织从被动执行者转变为数据生成者和协作参与者，进一步重塑了其在公益项目中的角色定位与功能分工。

在生态层面，阿里云公益 AI 平台打通了技术型企业、专业机构、公益组织与终端用户之间的数据流、服务链与信任机制，形成了可自我调节、可扩展、可持续的公益协同网络，推动数字基础设施从单点技术支持走向生态联动机制，推动数字基础设施与社会动能之间的持续互动，为未来数字化公益场景的演进奠定了网络化基础。

4. 制度支撑与实践策略：技术平台的治理挑战与适配路径

与众多技术平台类似，阿里云公益 AI 平台在推动公益系统升级的过程中，也面临数据合规、服务公平性与平台治理等多重挑战。公益数据的规范管理与合法使用是平台运行的基本前提。平台需确保医疗图像、农情数据、用户交互数据等多场景数据在采集、处理与应用各环节中，严格遵守《中华人民共和国个人信息保护法》《中华人民共和国数据安全法》等法规要求，特别是强化用户授权机制与用途透明声明，确保数据使用过程公开透明，赋予用户充分的知情权与控制权。

此外，服务覆盖的公平性与能力差异亦构成了平台在制度层面的现实制约。尽管云计算具备弹性分发优势，但在偏远地区，由于网络基础薄弱、用户数字素养不足等问题，公益服务的可及性和普惠性仍存在明显短板。针对这一问题，平台可通过边缘计算节点部署、轻量级 AI 应用推广、数字素养培训等手段，帮助基层组织提升服务的本地适配性与覆盖能力，逐步缩小不同区域公益服务数字化进程中的结构性差距。

阿里云公益 AI 平台的实践表明，技术型企业可以通过建设公益底座、开放技术资源与搭建协同平台，助力公益组织提升数字化能力，推动公益生态系统整体的数字化升级。在具体路径上：第一，通过建设平台，以开放式标准与云上资源池，推动跨行业、跨领域的公益项目在统一平台架构下协同部署，提升系统整合能力和资源流动效率；第二，建设公益场景数据中台，聚合并治理来自不同组织的公益数据资产，强化数据复用、知识共享与智能优化的基础支撑；第三，依托云计算与大数据分析能力，建设面向多场景的智能决策支持系统，提升资源配置的科学性与响应速度。通过这一体系，助力公益组织有效推动数据驱动的决策和响应模式转型，为未来技术赋能型公益生态建设提供了可复制、可扩展的实践范式。

5. 小结：大数据基础能力驱动公益系统数字跃迁

阿里云公益 AI 平台表明，大数据与云计算不仅为公益项目提供了基础运行保障，更通过标准化架构与弹性能力支持，推动了公益组织能力与生态结构的系统重构。不同于以人工智能或物联网为主导的技术路径，阿里云公益 AI 平台更强调基础性资源的整合与复用，以“底座技术”支撑多场景应用的规模化落地。

该平台展示了“技术势能—社会动能”模型在数据治理、平台机制与公众服务融合路径下的实际操作模式，为公益系统由点状服务走向网络协同、由项目治理走向平台治理提供了切实路径，也为未来构建统一底座、多元接入、弹性协作的数字化公益基础设施提供了清晰示范。

（二）拼多多“农地云拼”平台

1. 技术导入：大数据驱动下的农产品供应链智能重构

拼多多“农地云拼”平台为基于大数据与云计算，构建的覆盖农产品上行全链条的智能电商系统。平台整合农户供给与消费者偏好数据，借助算法实现智能匹配，推动由“人找货”向“货找人”的转变。中央数据库实时监测全国农产品库存与消费趋势，配合分布式计算与高速缓存，保障高并发下的数据处理与个性化推荐。

在供应链端，平台打通产地仓、干线物流与冷链配送，动态调度仓配资源，提升周转效率与保鲜水平。在用户端，融合微信小程序与相关 App 功能，提供拼团、社交转发与游戏激励，增强用户黏性。图像识别与直播工具辅助产品分级与展示，降低农户参与门槛，实现农产品流通机制的数字化跃迁。

2. 能力构建：平台赋能下的农业行动主体能力重塑

“农地云拼”平台项目通过平台机制激发了农业主体参与的多元能力升级。

在结构赋能方面，平台基于数据驱动和流程标准化，构建起从拼团、订单、仓配到交付的完整链条，明确了农户的数字化操作路径，提升了组织响应效率与系统稳定性。直播销售、图像识别与定级机制为农户提供了清晰可依赖的参与方式，显著降低了运营难度与试错成本。

在心理赋能方面，平台通过直播互动、乡村故事讲述与社交转发机制，拉近了农户与消费者之间的距离，增强了城乡之间的情感连接。消费者在情感共鸣中提升了公益参与意愿，农户则在市场反馈与平台支持中获得了对数字经济的信任与归属感。

在资源赋能方面，平台整合了金融服务、技术培训、流量入口和政策连接等资源，为农业主体提供了全流程支持。借助平台聚合效应，农户不仅连接了更广泛的网络销售渠道，也融入了数字经济体系，推动了农业公益从碎片化补助扶持向系统性赋能转型升级。

3. 场域变革：平台机制驱动下的乡村数字化结构重构

在个体层面，农户由信息弱势的生产者转变为平台经济的主动参与者。借助直播、自营店铺与平台算法推荐，农户不仅获得了面向多渠道市场的机会，也提升了自身的数字化交易能力。消费者则从传统的被动购买者转型为情感连接者与公益参与者，重塑了农产品消费的社会语境。

在组织层面，平台通过整合种植者、电商服务团队与物流资源等形成协同网络，重构了原本松散、低效的组织关系。多元主体在平台统一接口下实现职能互补与高效协作，逐步形成灵活可调、系统可控的数字化协同机制。同时，政府部门与地方媒体借助平台渠道介入资源调配与政策传播，平台正逐步演化为连接产业治理与乡村发展的数字基础设施。

在生态层面，该项目实现了农户、平台、消费者与政府之间的数据联动与价值嵌合，构建了多元主体协同参与的数字公益生态系统。以数据为中枢的运行结构打通了信息流、服务链与信任机制，推动公益参与从依赖制度扶持的外部干预，转向以个体行为激励为基础、平台规则嵌入为支撑的常态化路径，进一步增强了乡村治理的可持续性与系统韧性。

4. 制度挑战与可持续路径：数据治理与平台伦理的双重调适

在“农地云拼”平台项目的发展过程中，平台面临合规与伦理双重挑战。一方面，需严格遵守《中华人民共和国食品安全法》《中华人民共和国电子商务法》等法规，完善商品准入、资质审查与冷链追溯机制，保障消费者权益与农品质量。另一方面，智能推荐算法可能导致资源向头部农户集中，平台应设立冷启动机制，提升弱势产区与新加入农户的可见度，保障交易公平。此外，平台还需强化数据合规，严格落实《中华人民共和国个人信息保护法》，防止数据滥用与隐私泄露。在劳动与环境伦理方面，应保障基层从业者的合理收益与基本权益，同时推动绿色物流与环保包装，降低运营过程中的碳排放与资源浪费，增强项目的可持续性。

“农地云拼”平台项目为平台型公益提供了可借鉴的发展策略。一是公益产品设计应充分考虑目标群体的语言习惯、文化背景与使用偏好，提升技术的适配性与可及性；二是应强化跨环节协同，整合供应、物流与服务等各环节资源，构建高效联通的网络，提升整体响应效率；三是通过社交互动机制与公益动机叠加，激发参与各方的内生行动意愿，强化用户黏性与平台信任；四是建立多维度的成效评估体系，涵盖增收、参与、反馈等关键指标，实现基于数据的持续优化与反馈闭环，增强公益项目的透明度与可持续性。

5. 总结：大数据平台助力农业公益范式的系统跃迁

“农地云拼”平台案例展示了大数据与平台机制在公益场域中如何从交易撮合工具跃迁为社会动员机制。相较于阿里云公益 AI 平台以结构优化推动服务效率提升，“农地云拼”平台更侧重于通过数据激励与平台机制将分散行为转化为集体参与，以社交拼团、农户故事、直播互动等前端机制唤起公众的情感共鸣与价值认同，从而实现从技术部署向社会动能的系统跃迁。

在这一过程中，大数据不再只是信息处理工具，而成为连接个体认知、资源配置与社会信任的介质。平台通过激发农户与消费者之间的双向信任，构建起兼具传播力、凝聚力和协同性的数字化公益场域，推动了技术势能在城乡联结、农业转型与社会共治中的价值外显。

第五章

数字驱动的募捐转型与创新

第一节　技术迭代与公益募捐的形态演进

一、技术赋能的募捐形态演化阶段划分

随着数字技术的不断演进，公益募捐的价值创造逻辑正经历从“工具支持”向“系统重塑”的深刻变革（Goecks 等，2008）。回顾其发展历程，可以将技术赋能的公益募捐划分为 3 个阶段：在 Web 1.0 时代，互联网主要被视作信息传播的工具。公益组织通常依托门户网站发布募捐公告，以电子化形式突破时间与空间的限制，实现募捐信息的单向传递。这一时期的技术作用仍局限于“辅助型”传播，未深度嵌入募捐流程（潘琳，2017）。进入 Web 2.0 时代，社交媒体与移动支付的融合为公益募捐注入了新的活力。社交平台构建了高度互动化传播网络，使信息以去中心化的方式快速扩散；同时，微信、支付宝等移动支付手段，实现了“即时捐赠—实时反馈”的闭环体验。此时，技术不再仅是辅助工具，而成为驱动“参与式公益”的关键基础设施。随着 Web 3.0 时代相关技术的快速发展，公益募捐正迈向更深层次的生态重构（蔡明章等，2020）。以区块链为代表的底层技术，通过智能合约构建起透明、不可篡改的善款流转机制，提升了公众对公益透明度与可信度的期待；“元宇宙 + 公益”的创新形式，如腾讯公益的“数字公益展厅”，则借助数字孪生与虚拟现实技术，打造沉浸式的捐赠体验场景，让公益参与深度嵌入虚拟社会互动中（王艺欣和张屹舟，2021）。总体来看，这一系列演化轨迹揭示出数字技术对公益募捐的三重跃迁逻辑：从提升效率的“表层工具”，到重构交互逻辑的“中层架构”，再到重新定义公益生态的“底层操作系统”。技术不仅改变了资源动员方式，更重塑了公益组织与公众之间的关系结构，促使公益募捐从“机构主导”向“技术中介驱动的社会协作”转型（陈振明和张树全，2023）。

然而，这一过程中也伴随着新的挑战，技术依赖性增强、算法偏见、数据滥用以及数字伦理等问题日益显现（王达蓝和李强，2024），因此对公益行业的治理能力与制度建设提出了更高要求。

（一）第一阶段：门户募捐的工具化阶段

Web 1.0 时代的公益募捐，实质上是互联网技术对传统慈善路径的“表层嫁接”，呈现强烈的“工具性”特征（张华，2015）。这一阶段的技术发展背景根植于20世纪末的信息革命浪潮，其典型特征是“只读网络”，以中心化服务器为架构基础，用户仅为信息的被动接收方。核心技术如超文本标记语言（HTML）、超文本传输协议（HTTP）及早期在线支付接口虽实现了内容可视化与信息传输电子化，但仍未触及募捐流程的核心机制。

该阶段，技术使用逻辑呈现“机构主导—用户响应”的单线模式（陈刚，2019）。门户网站作为公益信息的唯一出口，将纸质宣传册搬运至数字化界面，突破了地理信息边界，却未重构参与体验。用户需要主动搜索项目信息、跳转至银行页面完成捐赠，过程中缺乏交互和反馈机制，形成典型的“断裂式参与链条”。例如，捐赠需经银行转账，技术仅用于图文展示，未参与善款流转与监督，暴露了平台功能局限性。

在技术效能层面，该阶段呈现“三重张力”：其一，传播广度的扩大与行为门槛的抬升并存。门户网站拓宽了受众触达面，但烦琐的参与流程排斥了大量技术门槛较高的用户，数字鸿沟进一步加剧城乡、代际参与不平等。其二，效率提升与透明缺失的结构性矛盾。信息发布更迅速，但支付链条仍依赖线下工具，效率提升受限；信任机制依赖机构品牌背书，缺乏系统性监督反馈，形成“黑箱效应”。其三，形式进化与逻辑滞后的错位。尽管技术实现了从线下到线上的迁移，但募捐本质流程并未被改写，仍然沿袭传统慈善的权力结构与路径依赖。

因此，这一阶段的募捐形态本质上是传统公益模式的“数字镜像”，具有明显的“功能依附性”，即技术作为外部变量嵌套于既有公益流程，未能触发系统性革新（周绍欣和郭永明，2022）。然而，这种

“表层嫁接”也为后续技术转型提供了历史张力——公众对参与感、透明度与反馈机制的期待，这正是推动 Web 2.0 时代“用户赋权型公益”兴起的现实基础。

（二）第二阶段：社交众筹的架构化阶段

Web 2.0 时代的到来，使互联网由信息展示转向用户参与，公益募捐随之进入社交化、平台化发展的新阶段（胡泳，2008）。该阶段的技术形态主要依托社交媒体与移动支付的结合，形成了以用户为中心、实时互动、内容共创为特征的技术架构。该阶段关键技术包括：社交平台开放 API，便于第三方应用嵌入与传播；移动支付手段如二维码、快捷支付的普及，推动募捐场景化、碎片化发展；大数据算法实现捐赠信息的精准推送；Ajax 等异步加载技术增强用户交互体验。

这一阶段的技术逻辑强调“用户赋权”与“平台协同”并重，公益平台不仅是信息的集散地，更是动员与组织用户参与的枢纽（陈禹和陈丰，2021）。以腾讯公益“一起捐”为例，用户可创建定制化募捐页面并通过社交网络动员身边人参与，从而实现募捐传播的裂变扩散。这种以社交链条为核心的技术架构，重构了“组织—用户—社群”的关系，推动募捐模式由中心化向协作化、分布式演进。社交化众筹的兴起推动了数字慈善从“传播式动员”向“参与式行动”转变，产生了3个方面的重要影响：第一，信息传播更具社交黏性。社交平台的强连接属性使募捐内容易于沿人际网络扩散，如“冰桶挑战”在社交媒体上的“病毒式传播”，在短期内实现广泛参与、巨额筹资。第二，捐赠行为更加日常化。以步数捐、蚂蚁森林、微信红包捐等为代表的“嵌入式捐赠”模式，使用户在日常使用中完成慈善行为，提升了参与频率和平台黏性。第三，互动反馈机制即时可视。“进度条”“排名榜”等工具建立了“行为—反馈—再激励”的循环机制，增强了用户的获得感和持续参与意愿。

该阶段在提高筹资效率的同时，也带来了一定程度的分化风险。一方面，社交裂变带动项目快速传播与高效筹款，如“99 公益日”动辄数十亿元的资金募集能力；另一方面，算法推荐可能造成资源向头部项目集中，边缘议题和小型组织的曝光度与生存空间受到压缩。同时，熟人推荐增强了传播信任基础，但也使用户面临信息过载与“捐赠疲劳”，在一定程度上稀释了信任感。总体而言，社交众筹推动了公益募捐从“机构主导”转向“用户主导”，但对社交资本的高度依赖也对其可持续性提出了挑战。

（三）第三阶段：区块链公益的生态化阶段

Web 3.0 时代，公益募捐的技术发展进入以区块链为核心的生态化阶段（王鑫和张蕾，2023）。这一阶段的兴起，根源于传统慈善领域长期存在的透明度不足、信任缺失以及运作效率低下等问题，得益于去中心化互联网技术的成熟。区块链公益的关键技术包括：分布式账本技术（DLT），实现全网节点数据的同步与共享，确保交易记录不可篡改、可追溯；智能合约，可根据预设条件自动执行资金流转，降低人为干预带来的风险；加密算法与数字身份系统，保障用户隐私与数据安全，建立可验证的身份体系；跨链互操作性技术，推动不同区块链系统之间的数据与资产流通。技术的运用基于“去中介信任”逻辑，通过算法共识替代传统机构背书，重塑公益生态的权力结构。区块链将原“机构—用户”线性信任链，重构为“代码—数据”驱动的系统性信任机制，使捐赠过程由依赖组织转向依赖程序的自动执行。

该阶段的突出特点在于对公益生态的“底层重构”。区块链不仅作为技术工具，更成为支撑整个公益体系的新型基础设施。其变革路径主要包括：一是推动数据主权回归个人，捐赠者可通过链上浏览器实时查看善款流向，提升信息透明度。例如，杭州“嘉学互助”平台通过区块链展示资助记录与审核流程，增强公众信任。二是实现资源分配的去中心化，小型公益组织无需依赖大型基金会即可发起项目，获得直接支持。但与此同时，部分依赖算法推荐的平台存在对中小机构“可见度低”的问题，导致筹款效果受限。三是推动公益协作的网络化发展。例如，浙江敦和基金会曾尝试开展比特币捐赠试点，利用其全球流通特性，突破地域限制，探索跨境公益协作的新可能。总体而言，Web 3.0 技术不仅“嵌入社会结构”，更推动其“重构”，即推动公益逐步由传统的中心化管控模式，向分布式自治网络过渡。

Web 3.0 时代还孕育了更为立体化的数字慈善形态，其主要体现在“代码即规则”的信任模式和“开放协作”的参与机制（徐晨阳，2020）。技术对募捐流程的影响体现在 3 个方面：第一，增强透明度与自动性。智能合约可将募捐条件、金额限制、项目进度等预设为协议内容，满足条件后自动释放善款。例如，在部分教育资助项目中，善款会依据学校建设节点进行阶段性拨付，从制度上防止资金挪用。第二，扩展参与主体的多样性。在链上协议的支持下，普通用户、去中心化自治组织（DAO）、企业与平台均可平等参与公益协作。例如，“蚂蚁森林”平台与多家环保机构联动，通过区块链透明化碳足迹记录，鼓励用户参与环保公益。第三，推动反馈机制的实时化和可视化。基于链上可查数据，捐赠者可获得如动态仪表盘、NFT 等多样化反馈工具，增强参与感与成就感。

尽管区块链技术在提升公益效率与信任方面表现突出，但其带来的挑战亦不容忽视。在积极层面，区块链提升了捐赠透明度与资金使用效率（吕廷杰和胡凯，2017）。例如，阿里巴巴公益平台通过链上存证技术公开捐赠流程，显著提高了公众复捐率；江苏邮储银行则探索构建“数字捐赠场景”，通过智能合约直达受助人，显著降低了管理成本。在风险层面，挑战主要体现在 3 个方面：其一，数字鸿沟的加剧。技术门槛限制了欠发达地区的参与，部分农村地区对区块链认知不足，形成使用障碍。其二，法律与监管体系滞后。目前智能合约在法律上的效力仍不明确，跨境捐赠的合规性问题亦有待厘清。其三，算法权力集中问题突出。尽管区块链倡导去中心化，但底层协议的设计与维护往往集中于少数技术开发者手中，存在“去中心化幻觉”之风险。

总体来看，Web 3.0 时代标志着公益领域从“机构中心化”向“社区自治、算法驱动”的新范式转型（Chen 和 Hu，2023）。然而，其可持续性仍依赖于技术普惠性的提升、跨链生态的协同治理及相应法律制度的健全完善。

二、募捐形态演化的动力结构

（一）移动支付普及：构建数字化公共基础设施

移动支付不仅是支付工具的便捷升级，更是我国公益数字化转型的技术底座（吴璇和刘俊，2019）。自21世纪初，支付宝与微信支付构建起以二维码为入口的“即付即达”机制，彻底打破了传统募捐对时间、空间和物理媒介的依赖。以2017年“99公益日”为例，腾讯公益联合微信支付实现单日破亿元的捐赠成绩，根本原因在于支付行为与社交场景的无缝嵌套，使公益行为从“需要寻找”转变为“被场景触发”。更关键的是，移动支付技术带来的不仅是操作流程的极简化，更是一种底层信任逻辑的迁移——从“依赖机构信誉”转向“基于系统规则”的程序性信任。API标准化、支付路径可追踪、账户体系实名化，共同构建了公益数字生态中的信任新范式。

（二）场景化募捐：从主动捐赠到行为驱动的无感激励

场景化募捐的兴起源于移动互联网技术与社会化传播的深度融合。Web 2.0时代，社交媒体（如微信、微博）通过用户关系链条实现信息裂变传播，而位置服务（LBS）、运动传感器等技术则使捐赠行为嵌入日常生活场景。典型案例包括“微信运动捐步数”与“蚂蚁森林植树捐”，其技术逻辑在于通过传感器采集用户行为数据（步数、低碳行为），并将其转化为可量化的公益资源。这一模式的核心创新在于行为价值化：用户日常活动被技术赋予公益属性，形成“无感化参与”机制。在传播学理论中，这属于“情境认知”的实践应用——技术通过场景构建将公益价值与个体行为绑定，降低参与的心理门槛。同时，大数据画像技术使公益机构能精准匹配用户偏好与项目类型，例如，腾讯公益平台基于用户捐赠历史推荐个性化项目，提升了转化率。场景化募捐的本质是技术对捐赠行为的“再中介化”，将离散的公益需求整合为连续性社会参与。

（三）智能合约应用：构建可验证的公益信任新结构

智能合约的引入标志着公益资金管理模式的系统性转型。以中国农业银行2023年联合盛业公益基金会推出的“数字人民币智能合约奖学金”为例，资金拨付不再依赖人工审批，而是通过预设的自动化规则实现条件触发，如学生完成学业任务后即自动划转。这种“规则即合约”的逻辑改变了公益领域的信任关系构建机制，使“人为监督”让位于“算法约束”，极大提升了透明度与执行效率。信任不再建立在人或机构之上，而是依托代码的可验证性，形成去中心化的治理架构。同时，随着国内区块链底层设施的逐渐成熟，如长三角数据互通平台、“链上公益”项目等，公益资金的跨机构流转和数据合规审计也变得更加高效和可信。

（四）元宇宙公益空间：从资源动员走向意义共创

元宇宙为公益打开了一个全新的叙事场景。不同于传统线性捐赠模式，元宇宙公益强调的是体验驱动和身份参与。例如，2022年，无障碍艺途与中航环球文化传播（北京）有限公司联合发行NFT数字艺术品，用户购买后既支持了特殊群体，又获得了虚拟展览参与权，形成“公益行为—社交价值—虚拟身份”的闭环系统。在技术架构上，元宇宙公益依托三重支撑体系：三维虚拟引擎构建沉浸式场景、NFT实现公益资产确权、VR/AR设备拓展交互维度。这不仅是技术融合的成果，更是一种社会认同机制的重建。在部分平台实践中，用户的公益行为可在虚拟空间中被系统识别并生成数字凭证，进而构成“公益履历”。这意味着，公益参与正从一次性行为向持续性身份转换过渡。元宇宙公益将“做了什么”变为“我是谁”，标志着公益形态正向社会意义生产机制演化。

第二节 数字化募捐的运作机制与效能影响因素

探讨数字化募捐的运作机制与效能，是理解技术赋能公益的底层逻辑关键所在（Sargeant 和 Shattuck，2017）。在技术持续迭代的背景下，单纯观察工具层面的应用已不足以解释其社会作用。唯有系统性地剖析技术嵌入后的流程重构（如社交裂变传播、智能合约自动执行）、主体关系重组（“机构—用户—平台算法”三元互动）与资源分配方式的转型（数据驱动的精准推送），才能揭示数字化公益的内在运作逻辑。这不仅关乎效率的优化（如借助推荐算法提升筹款转化率），也涉及公益伦理与技术风险的动态平衡：算法推荐可能带来“选择性偏见”，社交传播过度则易引发“情绪透支”（Kravchuk，2025），而区块链带来的高度透明，也需与公众的隐私需求进行权衡。通过构建“技术—社会”双维分析框架，既可厘清提升效能的关键因素（如用户画像精准度、反馈机制设计），也有助于识别潜在的技术异化风险（如数字鸿沟扩大、工具理性压制价值理性），从而为构建可持续的数字公益生态系统提供理论支撑与实践指引（Govindarajan 等，2023）。

一、数字化募捐的传播裂变机制

数字化募捐的传播裂变机制，实质上是技术逻辑与社会行为深度融合的结果，核心由“社交网络的扩散结构力”“情感动员的叙事驱动”和“算法推荐的精准推力”三者协同构成。

社交网络作为底层传播载体，通过“强关系链”（如微信朋友圈）与“弱关系链”（如微博话题）的交互嵌套，形成“信任引发—规模放大”的双向传播通路。例如，“轻松筹”通过熟人转发实现资金快速集结，体现社会网络理论中“嵌入性资源”的动员效果。情感动员则是促发参与行为的心理引擎，通过苦难叙事、视觉符号与道德唤起等手段，激发公众的同情与责任感，使捐赠从理性选择转化为情感驱动的道义实践。例如，“免费午餐”项目通过聚焦儿童饥饿问题，激起公众共情与行动意愿。算法推荐系统则以用户兴趣为基础，通过协同过滤与实时反馈机制，实现传播效率的最大化。如腾讯公益平台根据用户标签精准推荐捐赠项目，通过进度条等可视化设计激励用户反复参与（刘婷和李明，2021）。三者构成“情感—传播—推荐”动态闭环，彼此联动，形成裂变式扩散的正反馈机制。然而，此机制亦潜藏风险：情感化叙事的泛滥可能排挤理性议题的传播空间，社交圈层的高度同质化也易陷入信息“回音室”。因此，保持三者间的动态平衡，是实现数字公益可持续传播的关键所在。

（一）社交网络：裂变传播的结构驱动力

社交网络在数字化募捐中扮演信息扩散“基础设施”的角色。根据社交网络理论，“强关系链”（如亲友群组）便于初步信任的建立，而“弱关系链”（如微博传播）则有助于扩大外延覆盖范围（Fan 等，2014）。例如，“99 公益日”通过明星与“网红”的微博转发，在短时间内撬动大规模捐赠流量。网络结构的“嵌套性”特征，使个人的捐赠行为可经由多层社交转发产生“涟漪效应”，实现指数级扩散。然而，同质化社交圈层可能造成信息冗余，传播止步于原有网络内部，无法真正实现“破圈”。为此，平台在设计时需嵌入跨圈机制，如通过“兴趣标签”“话题广场”等聚合不同群体，促进陌生人间的信息互动。

（二）情感动员：行为转化的符号引擎

情感动员通过视觉叙事与话语建构激发公众的情绪共鸣与道德认同，从而促发行为转化。通过灾难场景、弱势群体故事等内容，激起用户的替代性创伤体验，在“共情—责任”的情感链条中，完成从认知唤起到实际行动的路径。例如，在自然灾害发生时，公益平台往往会聚焦受害者的第一视角，强化情绪共鸣，迅速引爆传播。此外，“捐赠可得徽章”式的正向情感绑定，也可在短期内提升用户黏性。不过，情感动员需把握尺度——过度依赖悲情叙事易导致“同情疲劳”，甚至诱发用户的情绪排斥，影响长期公益参与。因此，情感内容的设计应在“感性引导”与“价值认同”之间取得平衡。

（三）算法推荐：效率优化的技术性杠杆

算法推荐系统通过数据建模重构信息分发路径，在提升转化效率的同时，也为数字化募捐注入“技术理性”。以协同过滤算法为例，平台可根据用户的行为习惯（如点击、分享、捐赠记录）生成兴趣画像，精准推送匹配项目。例如，腾讯公益会优先向教师群体推荐教育类捐赠项目，有效提升转化率。同时，通过捐赠排行榜、弹窗提醒等实时反馈机制增强用户在场感，构建“行为—激励”的持续正循环。然而，算法亦面临“信息茧房”与“选择性偏见”问题：高互动内容被优先推荐，低关注项目难以曝光；低活跃用户因缺乏数据支持，常被排除在精准匹配之外。因此，平台在算法设计上应引入“伦理干预机制”，如设置冷启动补贴、手动推荐冷门项目等方式，以兼顾效率与公益的公平性。

二、数字化募捐的信任建构机制

在传统公益体系中，信任往往依赖于机构声誉、熟人关系或线下互动构建，而在数字环境中，这些路径的失效使信任的建构面临根本性挑战。技术信任理论（Technological Trust Theory）认为，数字信任的基础不再是“人对人”的判断，而是“人与系统”的交互（McKnight 和 Chervany，2001）。因此，数字化募捐中的信任机制并非传统逻辑的延续，而是技术嵌入与社会重构的结果，其核心围绕存证可验、规则确定、过程可感 3 大技术路径展开，逐步形成了从技术可信到用户信服的转化机制。

（一）数字足迹存证机制

数字化募捐通过链式存证、时间戳验证等方式，重构捐赠行为的

“信任证据体系”。捐赠者无需依赖对平台或机构的主观判断，而是通过可验证的数据记录形成对行为结果的理性判断。以腾讯“公益链”为代表的透明账本机制，将每一笔捐赠自动上链，形成去中心化的“证据数据库”，有效避免信息不对称与数据篡改问题。这种方式不仅降低了捐赠门槛，也重构了平台的公信力边界。

然而，技术本身并不具备判断力，如果上链的是“伪公益”项目，技术反而可能强化不实信息的传播。因此，数字存证只是基础，确保数据入口真实、流程审计独立、用户监督通畅，才是技术信任机制有效运行的保障。

（二）智能合约执行机制

对规则执行力的信心是信任的支柱之一。传统募捐中，捐赠者往往对善款的后续使用缺乏控制感，这种“付出之后无感知”的断链式体验，削弱了持续捐赠意愿（马弘伟，2024）。智能合约通过算法自动触发，将规则编码固化，消除人为干预可能。以字节跳动公益平台的“智能分账”机制为例，一旦募捐目标达成、验收节点完成，资金即由系统自动释放，规避了道德风险与执行不力的双重隐患。

这一“规则即信任”的模式，使募捐从以往的“信人”转变为“信系统”。但也应看到，规则刚性与人道弹性之间的矛盾难以彻底消除，例如紧急灾难中需求迅速变化，过于刚性的流程反而可能妨碍资源的快速响应。因此，智能合约应保留“紧急插针”机制，在系统信任与人本伦理之间寻找平衡。

（三）可视化反馈机制

如果说存证与合约分别重构了信任的“基础”与“制度”，那么可视化反馈机制则是信任的“体验层”。数字公益平台通过信息仪表盘、数据地图、图文视频直播等形式，将善款使用、项目进展、受助人状态可视化呈现，增强了捐赠者的代入感和情感在场感。

以“壹基金温暖包”项目为例，平台会在完成捐赠后展示受助儿童的照片、物资发放进度甚至手写感谢信，让用户“看见自己的一份力”，进而激发持续参与意愿。相比于传统“捐后沉默”的流程，这种“沉浸式信任建构”强化了公益的情感维度，使信任从理性判断过渡为情感共鸣。

然而，情感动员的视觉化表达也可能带来“表演性公益”的隐忧——平台为吸引流量，可能过度消费“弱者形象”，引发“伦理视觉疲劳”（李娜和姚曦，2022）。因此，平台应在展现信息透明的同时，兼顾隐私保护与尊严表达，防止信任逻辑异化为“情绪操控”。

三、数字化募捐成效的影响因素

数字化募捐的成效不仅是技术驱动下的产出变量，更是“技术—组织—环境”三元系统协同作用的结果。从技术社会学视角来看，尽管数字技术带来了流程优化与触达能力的显著提升，但其效能释放并非自动完成，而是嵌入一套复杂的社会结构与治理逻辑中：技术带来的“效率神话”（如智能推荐、即时支付）在实践中可能受限于数字鸿沟、隐私让渡等现实障碍，而平台算法逐步取代传统信任机制，也使“透明度”与“公信力”之间出现脱钩现象。

在数字化募捐价值创造过程中，需以“真实增量”为标准重构成效评估体系，进而解构影响要素的运行逻辑。从平台生态位的资源聚合，到数据洞察驱动的认知升级，再到用户画像对动员靶点的精细捕捉，以及危机响应速度对信任资本的动态修复，4 个维度共同构建了一个兼具结构效率与价值韧性的募捐系统。这一系统遵循动态能力理论，强调组织需在技术赋能与风险防控之间实现自适应平衡，最终达成公益价值的持续演化。

（一）平台生态能力与资源动员

平台生态是募捐成效的根基变量，其资源整合能力与网络嵌入深度直接决定了动员效应的规模阈值。依据资源依赖理论，掌握关键流量入口的平台更易形成资源分配优势。例如，腾讯公益借助微信社交生态，将“社交—支付—公益”无缝融合，打造了一个封闭循环的募捐场景，成功激活了大规模用户参与潜力。

此外，平台对生态规则的设定（如项目准入门槛、手续费政策）实质上是对公益资源流向的“制度编程”。头部平台通过技术接口标准化（如 API 嵌入）建立“生态锁定”，推动中小机构依赖其系统运行，强化平台的主导地位。这种平台主导的权力再分配，既提升了资源流转效率，也可能加剧中心化聚集的结构性风险。

（二）数据洞察与策略优化的智能支撑

数据洞察力体现了公益组织由经验驱动向智能决策的转型能力（邱泽奇，2023）。基于 DIKW 模型，通过机器学习与可视化工具对用户行为数据（如捐赠路径、停留时间、点击热图）进行高维分析，可形成“何时推”“推什么”“推给谁”的策略三角。例如，支付宝公益在“蚂蚁森林”等项目中，通过日常行为数据积累识别用户偏好，精准推送捐助项目，实现转化率持续优化。

同时，利用 A/B 测试与自然语言处理技术，平台可动态迭代劝募文案，增强情感共鸣效果。不过，数据洞察的价值前提是数据质量与算法可解释性，若忽视非主流平台用户的行为数据，或模型过于“黑箱化”，均可能降低策略的有效性，甚至引发技术伦理问题。

（三）用户画像构建与个性化动员路径

用户画像是实现个性化动员与冷启动用户激活的关键机制。通过整合多源数据（如社交互动、消费记录、浏览路径）构建高精度画像，不仅可以识别用户的公益偏好，还能预测其捐赠意愿。例如，微博的“益起守护”项目就曾利用用户转发内容与互动频次构建参与意愿模型，实现精准投放。

协同过滤推荐算法（如基于邻近用户相似度进行推送）能够挖掘隐藏关联，即便用户无捐赠历史，亦可基于相似行为路径激活潜在捐赠需求。这种高颗粒度策略更有利于激活长尾项目，如某平台与公益机构合作推出的“守沪喵星人”，便通过“Z 世代”兴趣标签实现了“出圈”传播与超预期筹款。

然而，画像精度的提升也带来了隐私风险，若用户感知到“被算法过度识别”，其信任结构可能发生反向抵抗，形成“过度精准反噬”效应。因此，如何在画像精度与数据伦理间找到平衡点，是提升动员效能的关键前提。

（四）危机响应机制与公众信任修复路径

危机响应速度直接影响募捐成效的可持续性，是构建公众信任的“时效门槛”。基于“黄金 4 小时法则”，平台需通过实时舆情监测系统识别潜在危机，并借助自动化手段（如智能回应模板、区块链存证）快速发布澄清信息，控制舆情节奏。例如，“轻松筹”平台在病历造假事件中，快速完成资料复核并公示处理过程，显著抑制了舆情发酵。

此外，平台还须具备“反向议程设置”能力，即通过可视化证据（如善款流向图、项目执行追踪）重塑公众认知框架，阻断单一负面叙事主导的风险。相关研究显示，每延迟 1 小时，公众信任修复成本呈指数级增长，因负面认知一旦形成，改变难度大幅上升。

不过，快速响应亦需防范误伤机制，如过度依赖自动化决策可能导致误封真实项目，因此需构建“人机协同核查”体系，提升响应的准确性与公信力。

第三节　数字技术赋能筹款的优势及挑战

数字技术深度重塑公共筹款的运作逻辑。移动支付与社交传播的深度融合突破了传统科层制度下的时空约束，智能合约基于算法信任机制缓解了公益场景中的“委托—代理”难题，大数据画像则推动募捐模式从“广撒网”走向“精匹配”，构成从“模糊动员”向“社会计算”

的范式转型（王一鸣和张大伟，2020）。这些变化印证了技术塑造社会行动逻辑的趋势，但其真实效能往往受制于文化认知、制度环境和社会结构的协同作用。换言之，技术不是孤立变量，而是社会技术系统中的一环。

如推荐算法虽提升了传播效率，却可能因“信息茧房”效应，导致公益资源向头部议题集中，边缘议题难以获得关注；区块链虽然增强了透明度，却因高能耗与技术门槛引发数字鸿沟与伦理问题。我们必须警惕“技术异化”：当工具理性凌驾于价值理性之上，技术便可能从“赋能者”演变为“规训者”。情感计算技术被滥用于操控捐赠者的同理心、将公益精神物化为用户黏性指标，这类现象正是“技术乌托邦”向“道德失重”的滑落。因此，对优势与挑战的辩证分析，不仅是理论层面理解“技术—社会—伦理”互动机制的关键路径，更是构建可持续数字公益生态的现实指引。

一、数字技术赋能筹款的优势

（一）募捐流程从线性执行迈向即时响应

数字支付与社交媒介的深度融合，极大压缩了传统募捐流程，实现了从“需求发布—传播转化—支付执行—资金归集”的链式操作向“点击即捐赠”的一键完成转变。例如，在新冠疫情初期，腾讯公益平台凭借后台 API 整合金融清算、实名认证与内容审核模块，实现了日均过亿元善款的秒级到账。技术中介不仅提升了资金流转速度，也重塑了社会协作模式：当危机事件发生时，平台可通过去中心化社交网络迅速激活个体节点，构建类似“蜂群智能”的分布式响应网络。然而，这种“即时性”也存在悖论：神经经济学研究发现，过度依赖场景触发易导致“冲动性捐赠”，削弱捐赠行为的理性内核。

（二）算法支持实现精准匹配与高效触达

数字技术基于用户数据（如地理位置、兴趣偏好、社交关系）的多维整合，构建可操作的“公益行为画像”。这一过程依赖于机器学习模型（如随机森林、神经网络）对捐赠倾向的预测能力。例如，“蚂蚁森林”基于用户低碳行为记录（如骑行、无纸发票等），优先推送生态类公益项目，显著提升了匹配效率与转化率。从社会心理学视角来看，精准推荐实质上是“社会磁共振”的模拟，通过技术将隐性需求与公益供给实现高效耦合。然而，当捐赠行为被还原为概率输出时，公益的伦理意涵可能被遮蔽于算法“最优解”之下。

（三）参与机制创新推动用户沉浸式体验

游戏化设计使捐赠行为突破了“利他任务”的传统框架，转向“成就反馈—社交互动”的心理激励系统。例如，腾讯公益通过积分体系、捐赠排行榜、动态仪表盘等机制，引导用户形成持续参与的行为闭环；用户每获得一次“爱心勋章”，其实就是一次正反馈机制的行为强化。更进一步，元宇宙与 NFT 技术的引入使用户在虚拟公益场景中获得“数字存在感”与“虚拟所有权”，形成“参与—认同—分享”的身份叙事逻辑。需警惕的是，当“公益”被包装成“娱乐化仪式”时，技术可能将原本的“价值关怀”转化为“社交货币”，导致公益精神的边缘化与工具化。

二、数字技术赋能筹款的挑战

（一）数字鸿沟背后的制度性不平等

尽管数字化技术表面上具有普惠属性，但其在接入门槛、技能分化与资源转化层面隐含显著的不平等。根据三级数字鸿沟理论，农村、老年、残障等群体在设备持有、平台使用能力、受益可能性方面均处于边缘。例如，在我国某些农村地区，60 岁以上人群对互联网筹款的参与率远低于城市同龄人，部分原因在于平台交互逻辑隐含“默认熟悉”的城市中产阶层预设。这不仅是“使用门槛”问题，更是平台设计中的“文化偏见”投射。同时，边缘用户因线上行为数据不足，往往在算法排序中权重极低，导致其所需项目难以获得有效曝光，形成“需求看不见—资源不给力”的恶性循环。

（二）情感动员的疲劳效应与道德风险

在技术推动下，情感动员呈现“强情绪—快反馈”的高频模式。平台通过算法调控悲情叙事密度与紧迫性提示节奏，不断激发用户的同情心，形成“情绪唤醒—即时捐赠—正反馈”闭环。然而，这种机制容易触发“共情疲劳”：大脑在频繁接触悲情内容后，会逐渐对情绪刺激产生免疫，捐赠行为也随之从“道德响应”退化为“程序化动作”。以某大病众筹平台为例，其在短期内反复投放儿童病患特写影像，导致用户点击率与转化率连续下降。这一现象揭示情感计算若缺乏伦理限度，可能将公益转化为“感情榨取”的技术工具，侵蚀公民的道德判断力与公益信任根基。

（三）算法不透明与技术正当性争议

当前大多数平台的推荐逻辑与资源分配模型仍处于“黑箱”状态（李国昊等，2023）。尽管区块链提供了部分透明性，但项目排序、权重调节、捐款归集等关键环节仍难以被公众审计。例如，某平台教育类项目长期排名靠前，却无法给出具体推荐机制；当公众质疑算法偏见时，平台常以“商业机密”予以搪塞。这种缺乏可解释性与责任链条的系统设计，加剧了公众的不信任感。一旦出现误判、失配以及诈捐风波，用户往往无处申诉、平台免责，甚至引发“算法社死”。更深层的问题在于，算法系统逐渐占据原本由公共机构主导的道德判断权，形成一种“技术权力”，其合法性却缺乏制度性支撑。

三、面向未来的系统治理思路

在数字技术日益深入公益领域的背景下，筹款机制、价值分配和法律伦理体系正经历深刻重构。技术并非价值中立的工具，其在重新定义“公益”的过程中，既释放了巨大能量，也带来了制度应对的滞后与价值悖论。未来的发展路径，需在算法治理、财税制度与伦理规制之间，构建跨学科协同的治理架构，实现数字化公益的系统性转型。

（一）智能合约与法律规范的适配问题

智能合约作为区块链技术的核心应用，通过可编程逻辑自动执行捐赠协议，极大提升了透明度与效率。然而，其“代码即法律”的理念挑战了传统契约自由与司法裁量空间，带来法律权威与技术自治之间的张力。在我国的法律实践中，智能合约尚未获得完全独立的法律地位，多数平台采用“双轨制”架构，即传统书面合同作为法律依据，智能合约辅助执行。这种过渡模式虽能兼顾安全与效率，但一旦智能合约出错或因逻辑漏洞引发纠纷，责任认定、合同撤销等司法救济程序仍缺乏明确路径。因此，未来需推动“技术中立性”原则下的法律重构：既认可智能合约的效率优势，又引入合规性审查机制和代码审计制度，防止技术逻辑凌驾于法律正义之上。

（二）虚拟资产崛起下的税收制度转型

数字筹款平台中虚拟资产的广泛使用，正在模糊传统税收制度中的物理边界。虚拟物品因其去中心化和易跨境流通特性，使现有税基确认、流转环节征税和监管路径面临挑战。为此，亟须推动税制的数字化转型，从“以物为本”的征管逻辑，迈向“以价值共识”为导向的动态调节体系，并通过多部门协同与信息共享，构建公益领域的虚拟资产合规生态。

（三）AI劝募中的伦理规范与边界设定

AI劝募系统凭借自然语言处理与情感计算技术，能精准捕捉用户情绪状态，适时推送定制化劝募内容，显著提升转化率（Kratzwald等，2018）。然而，这种高度个性化的心理干预模式也易引发伦理风险——

捐赠者的情感反应被算法预测和操控，公益行为可能由“出于善意”变为“被动响应”。以某平台为例，其 AI 语音播报系统会在用户深夜浏览苦难故事页面后主动推送“温情提示”并引导捐赠，虽然在数据上提升了捐款频次，却也可能侵蚀捐赠自主性，令行为滑向“操控式共情”。未来，必须建立伦理红线机制，对 AI 劝募中的可采集数据种类、情感推送强度和用户决策权保留程度进行明确规范，在“效率提升”与“伦理自持”之间寻求动态平衡。

第六章

数字社会创业中的技术赋能与社会创新

第一节　从社会创业到数字社会创业

一、社会企业生成及其特征

（一）“慈善失灵”与可持续慈善

社会组织及慈善组织作为独立于政府与市场的非营利组织集合，因其兼具灵活性、公益性和创新性，常被视为弥补“市场失灵”与“政府失灵”双重困境的有效机制。市场机制受利润驱动难以充分供给公共物品（如环境保护、弱势群体服务），而政府因资源有限性及政策滞后性等往往无法精准响应多元化社会需求，社会组织及慈善组织则通过社会动员、志愿参与和在地化服务填补这类空白，例如，环保组织利用公众监督倒逼企业减排，社区非营利组织为边缘群体提供政府未覆盖的定制化服务。同时，其非营利属性避免了市场逐利导致的资源分配扭曲，相对独立的运作模式又能规避政府过度干预的僵化弊端。尤其在数字技术赋能下，社会组织及慈善组织进一步突破传统限制（如区块链提升捐赠透明度、大数据优化服务精准度），形成“社会创新—技术驱动—多元协同”的治理闭环，既缓解了“市场失灵”中公共品供给不足的困境，又通过敏捷响应和实验性方案弥补了政府规模化治理的“盲区”，成为现代社会均衡效率与公平的重要支点。

然而，社会组织及慈善组织亦会面临“慈善失灵”现象（Kim，2017）。这一现象旨在说明慈善活动或公益项目未能实现其预期的社会效益，甚至导致资源浪费、受益错位或公共利益受损的现象。其核心在于慈善资源的配置与使用偏离公益初衷，可能表现为资金滥用、效率低下、受益群体错配或公信力丧失等。萨拉蒙教授概括了“慈善失灵”的4种原因：第一，慈善组织能力的不充分。慈善组织往往需要外来资源的输入，因此常因资源匮乏（资金、专业人才）难以规模化解决复杂社会问题，如小型环保机构无力应对全球气候变化，在解决社会问题方面难以形成规模效应。第二，慈善的特殊性。服务聚焦特定群体或领域（如罕见病救助），导致系统性需求（如基础医疗）被忽视，造成资源分配碎片化。第三，慈善的“父权性”（Herro 和 Obeng - Odoom，2014）。捐赠者主导资源流向，受助者沦为被动接受者，削弱需求响应精准度。第四，慈善的业余性。过度依赖非专业志愿者，造成服务标准化低、可持续性弱，如灾害救援中无序志愿行动反而阻碍专业救援。四重困境共同制约第三部门效能，需通过制度完善与技术赋能突破局限（Reich，2018）。上述成因集中反映了社会组织及慈善组织在实现社会价值过程中面临的资源与能力双重约束，制约了其公共服务绩效的可持续性，进而需要引入可持续慈善理念（Fatah 等，2023）。从资源维度来看，这些组织高度依赖外部资金注入（如捐赠、政府购买或公益创投），但资金来源具有显著波动性与不确定性，导致项目常因资金链断裂被迫终止。同时，由于资源的短缺，决定了该领域人才数量和质量整体性短缺（如专业运营、技术研发人才匮乏），“缺人”和“缺人才”现象并存，进一步削弱了组织韧性。在能力层面，多数组织囿于传统运作模式，缺乏战略规划与资源整合能力，如在灾害救援中，一些地方慈善组织仍采用手工登记物资，导致响应滞后与资源错配。这种资源和能力的双重脆弱性在技术进步的整体趋势下，显得格格不入。当突发公共事件（如新冠疫情）或政策调整（如慈善税收优惠收紧）时，组织往往陷入“需求激增—供给萎缩”的恶性循环。可持续慈善正是对此结构性困境的回应，其通过重构价值创造逻辑突破传统慈善的不可持续性。首先，通过“社会价值—经济价值”双元价值整合模式来追求可持续性慈善，如社会企业通过市场化运营获取收益反哺公益项目（如中国乡村振兴基金会的“善品公社”项目）。其次，通过创新资源获取方式来探索可持续性慈善（Bhandari 等，2023）。如，发展影响力投资、社会效益债券等混合金融工具，将一次性捐赠转化为可持续资本流（如“善投盟”等影响力投资机构）。最后，通过新技术手段借助数字技术实现降本增效。如，区块链技术确保捐赠溯源以增强公信力，大数据分析优化资源配置精度，AI 客服系统降低人力成本等。这些实践表明，只有通过可持续慈善理念和实践，才能化解资源能力约束与永续发展的根本矛盾，最终实现社会价值创造的代际延续。

（二）社会企业及其特征

面对传统慈善的局限，一种更具活力的新型组织——社会企业，逐渐登上了舞台。它既不是传统意义上的营利公司，也不同于靠捐赠维持运营的公益组织，而是一种将社会价值与商业逻辑有机结合的新型业态。社会企业正是为了解决“慈善失灵”，实现可持续慈善而出现的创新组织形式。社会企业是以解决社会问题为根本使命，通过市场化运营实现社会价值与经济价值协同增长的创新型组织，其核心特征在于运用商业手段达成公益目标。这种组织形式通过机制创新能有效回应社会组织及慈善组织资源依赖、效率低下、父权倾向与业余性方面的挑战。传统慈善组织因过度依赖捐赠和政府补贴，常因资金波动陷入服务中断，而社会企业构建了可持续“造血”机制。例如，针对慈善的“父权性”，浙大宁波理工学院益立方公益学院创办了社会企业性质的“益立方公益铺子”，通过引入贫困大学生参与店铺管理与运营，以平等交易取代原有的贫困生资助模式，使受益者从被动接受者转为价值共创者；面对效率低下，“喜憨儿洗车中心”引入标准化流程管理，将洗车的流程标准化，并将标准化的流程面向社会共享，8 年洗了 10 万辆车，破解了社会组织常见的低效困境。这些实践表明，社会企业通过重构社会目标、市场机制与技术创新，不仅消解了传统慈善的资源波动风险与权力结构失衡，更以可复制、可量化的解决方案实现了社会价值的持续创造，成为突破“慈善失灵”、重塑公益生态的核心引擎。

社会企业具有如下特征：

1. 追求经济价值与社会价值的双元平衡

社会企业的组织形态本质上是对传统市场与社会二元对立结构的突破，其存在与发展的底层逻辑源于制度理论中“混合组织”的合法性构建过程。当市场机制因外部性无法有效解决社会问题（如环境污染、教育不平等），而政府干预又受限于科层制效率与资源约束时，社会企业通过重构价值创造规则，在两种制度逻辑的张力中开辟第三条路径。社会企业一方面通过合理的商业模式维持自身运转，如规定收入的一定比例必须用于公益目的；另一方面其也引入市场竞争机制，提升公益服务的效率，如成都市武侯区的“邻里助老平台”，通过引入志愿者积分兑换、社区小额服务收费机制，为老人提供日常照护的同时，也带动社区居民参与，从而实现了公益与运营的双赢。

2. 强调用经济手段解决社会问题

社会企业的实践逻辑植根于对社会问题经济属性的重新定义，其方法论可追溯至科斯定理对产权与交易成本的突破性阐释。当传统慈善因无法定价导致资源错配（如捐赠物资与需求错位）时，社会企业通过构建可交易的“社会服务产品”，将公共物品转化为准私有品，例如，小额信贷通过利息定价筛选真实需求者，技能培训通过服务收费验证价值有效性。这种转化的本质是运用价格信号解决信息不对称问题，其理论依据源于机制设计理论中的激励相容原则——只有当受益者为服务支付成本（即使是象征性费用），才能激发其参与积极性并形成责任闭环。更进一步，社会企业通过创造“社会资本市场”重构资源配置体系。影响力投资将社会回报率纳入资本定价模型，社会债券将未来公共支出节约转化为当前融资能力。如，在福建省泉州市“点点益”项目中，组织通过收取象征性费用，为残障人士提供定向技能培训。这样做不仅减少了“资源浪费”，也促使参与者更积极投入学习，最终实现“自食其力”

3. 政府跨部门合作的创新合作方式

社会企业在公共领域的角色本质上是新公共治理理论在实践层面的具象化，其理论根基在于打破“政府—市场”二分法的传统治理框架。当政府因政策刚性难以应对差异化需求（如残障群体就业支持），而私营部门受利润驱动回避正外部性领域时，社会企业通过构建“准公共产品”供给机制填补制度缝隙。委托—代理理论在此呈现新的维度。

政府作为委托人将公共服务外包时，社会企业因兼具市场效率与非营利使命，比纯商业机构更能克服道德风险。公共选择理论进一步指出，社会企业通过引入竞争机制，如公共服务竞标等打破垄断，同时借助受益者评价系统等社会监督压缩寻租空间。制度创业理论揭示了更深层的变革动力：当社会企业通过试点项目验证新模式时，如社区养老服务的政企合作等，其成功经验会推动政策、法规的适应性调整，形成“实践创新—制度演化”的正反馈循环。

4. 社会价值可持续性

社会企业的可持续性命题本质是对资源依赖理论的范式突破，其理论突破点在于将线性资源消耗模式转化为价值再生系统。传统非营利组织受制于“捐赠—消耗”的单向资源流，而社会企业通过设计“价值捕获—再投资”闭环（如利润锁定再投入比例），在时间维度上实现社会资本的指数级积累。如，阿里巴巴“盒马村”项目，通过打造农产品供应链，帮助偏远地区农民将土特产卖向城市，农户挣了钱，项目也能运转起来。这样，不仅扶贫变得更“有市场”，还提升了村民的自我发展能力。整个过程就像滚雪球，越滚越大，不依赖外部捐赠也能长久运行。这种从“输血”到“造血”的转变，不只是模式的优化，更是社会创新思路的升级。

二、技术驱动的数字社会创业形态

随着人工智能、区块链和大数据等新兴技术的不断演进，我们正在见证一种全新的社会创新形态——数字社会创新的兴起。相比传统依赖人力和资源密集型方式的公益行动，如今的社会问题解决路径，正被技术重新定义。

人工智能不再只是“分析工具”，它能够通过实时数据预测和深度学习，在问题发生前给出预警。例如，一些城市已经开始利用人工智能系统预测地质灾害，提前部署资源，减少损失；区块链也不仅是“加密货币的载体”，在公益领域，它正在重塑信任机制。以阿里巴巴公益区块链为例，捐赠流程实现全链条可追溯，极大提升了透明度和公信力；大数据技术，则通过打破“数据孤岛”，融合环境、人群、需求等多维信息，让资源配置更加精准、高效。

上述3种技术的融合，不再是“锦上添花”，而是构建起真正意义上的价值闭环：人工智能提供预测与判断，区块链保障可信执行，大数据则负责反馈与校准，使公益系统能够自我运转并持续优化。在这样的技术支撑下，社会企业的运作逻辑也在悄然转变。传统社会企业往往受限于线下空间、人工成本等物理边界，而数字社会创业则实现了指数级扩展。如，“爱心餐余”项目通过人工智能算法智能匹配超市、食堂的多余食品与有需要的社区，既解决了食物浪费问题，也惠及了低收入群体，实现了善意的规模化。

另外，更深层次的变革还体现在权力结构的重写。以往，受助者多处于被动地位，而在一些探索中，如，采用DAO（去中心化自治组织）形式的公益项目，残障人士可以通过智能合约直接参与服务设计与决策流程，从“接受者”变为“共建者”，志愿者可以在元宇宙协作平台上，跨越地理限制，共同开发面向偏远地区的教育内容，打破了传统公益服务的空间壁垒，为数字化公益注入了无限可能。

简言之，数字社会创业标志着社会创新进入了一个全新的阶段：它不再依赖线下组织的人力密集，也不再局限于单次捐赠，而是通过技术手段实现了从价值创造、执行到反馈的全过程闭环。与传统社会创业相比，其根本变化在于，技术已深度嵌入组织的“DNA”（脱氧核糖核酸）。人工智能能够即时洞察各地教育、医疗、扶贫等多维需求，形成高精准的服务推送；区块链确保每一笔善款、每一次行动都有据可查，降低了中间成本与信任风险；在大数据赋能下，决策过程变得更加科学、可验证，摆脱了传统“拍脑袋决策”的粗放模式。

从实践层面来看，数字社会创业带来了至少3大突破：第一，服务方式由经验导向转向数据驱动。例如，在某地的精准扶贫试点，地方政府结合卫星遥感监测和土壤数据，借助人工智能推荐最佳种植品类，实现了真正的“因地制宜”。第二，组织治理模式由传统的“层级式”转变为“扁平化”甚至“去中心化”。在一些数字化公益实验中，受益者通过区块链平台直接投票决定资金流向。第三，资源配置逻辑由线性供给转向智能匹配，以最小的成本撬动最大的社会影响成为可能。更重要的是，数字技术的介入，为社会价值带来了可见性与资本化的新机遇。加密货币、NFT 等新型工具，已经能够将一项社会贡献转化为“可衡量、可流通”的数字资产，为公益注入新的金融活力。

综上所述，数字社会创业不是简单的“上技术”，而是一种通过技术、市场与公益三者共振，重新组织、设计和推动社会变革的新范式。未来的公益，不再只是“捐钱捐物”，而是通过链接、算法与共创，实现可持续的社会创新。

数字社会创业指以数字技术（如大数据、人工智能、区块链、物联网等）为核心驱动力，通过创新性商业模式解决社会问题，同时实现社会价值与经济价值平衡增长的社会创业活动（Bhandari 等，2023）。其本质是技术赋能的系统性社会变革，重构了解决传统社会问题的资源组织方式与价值传递路径。

数字社会创业有如下特征：

1. 技术驱动的社会创新

伴随着技术与人文社会科学的交叉融合，数字技术不再停留于“工具属性”，而是成为社会价值创造的基础性架构。这一重构过程遵循“技术嵌入性”理论框架，即技术深度融入社会创新的目标设定、流程设计与价值分配机制，形成不可剥离的系统性支撑。当区块链的分布式账本技术将公益资源流动转化为可编程的信任协议，如智能合约自动执行捐赠条款等，其作用已超越效率提升工具，而是重构了传统慈善的权力结构，使受益者、捐赠者与执行者形成去中心化的共治网络。同样，人工智能算法通过实时处理异构数据，将社会问题识别从经验判断升级为预测性干预，这种能力的本质是技术对社会问题认知范式的颠覆：社会需求不再依赖抽样调查或定性分析，而是通过数据本体论转化为可计算、可模拟的动态系统。技术在此过程中呈现“社会技术系统”特性，即数字基础设施（如 5G、云计算）与社会关系网络（如协作平台、DAO）相互嵌套，形成技术规则与社会规则的共生演化。这种重构的深层逻辑在于，技术通过重新定义资源分配机制（如算力共享替代物资捐赠）、信任建立方式（如加密算法替代道德承诺），以及协作形态（如全球开发者开源社区替代地域性志愿团队等），使社会创新从"人本中心"转向"人机共生"的复杂系统，最终催生社会价值创造的新本体论。

2. 以数字资源为核心的资源重配

数字技术重构了资源的价值逻辑，传统社会创新依赖的实体资源（资金、人力、物资）逐步让位于数据、算法、算力等数字资源，形成以"数据要素化"为核心的新型资源配置范式。这一变革的理论内核源于资源基础观（RBV）的范式扩展。当社会问题被数字化解构（如贫困人口的消费轨迹转化为信用数据），其解决路径便从物质资源投入转向数据资源的编排与重组。区块链技术通过分布式账本将碎片化的小额捐赠整合为可追溯的资本流，而人工智能驱动的动态定价模型则突破传统劳动力市场的定价局限，实现人力资源的精准匹配。更深层次，数字资源具备"可编程性"与"无限复用性"两大革命属性——智能合约可将社会信任机制编码为自动执行的数字规则，替代法律文书与道德约束，云计算使闲置算力转化为普惠性公共服务（如共享计算平台替代传统服务器集群）。这种资源重配颠覆了传统社会创业的"稀缺性假设"：通过数据资产的指数级衍生，如环境监测数据经人工智能分析生成碳交易权等，以及虚拟资源对实体资源的替代如元宇宙志愿者服务替代线下人力投入，社会问题解决的资源约束被系统性突破，形成"数据驱动—算法优化—算力支撑"的三元资源配置体系。

3. 规模扩张弹性

数字社会创业的规模扩张潜能源于数字技术对传统成本结构的解构与重组，从而构建指数型增长模型。在纯数字化场景中，社会价值创造的边际成本趋近于零。如开源教育平台的课程复制、人工智能客服系统的服务扩容均无需线性增加实体资源投入，这符合梅特卡夫定律的网络效应。对于数实融合型社会企业，数字技术通过三重机制降低规模壁垒：其一，数据的可重复性和丰富性一经获得机会识别成本将消减；其二，组织管理成本压缩，区块链智能合约替代人工审计流程，DAO 治理模式消解科层制内耗；其三，资源替代效应显现，VR 培训替代线下师资，数字孪生技术降低实体试验损耗。这种弹性扩张的理论内核是"数字资产的非竞争性"，即数据复用不会产生排他成本，算法迭代可无限提升资源编排效率。平台经济学进一步揭示其机理：当云计算、API 等数字基础设施成为公共品时，社会创业的规模边界从"资源约束"转向"需求上限"，最终形成"服务一人与服务千万人成本趋同"的颠覆性格局，从而彻底扩展了社会创新可达的上限。

4. 多元利益相关者动态平衡

数字技术对传统组织边界的消解与重构，当区块链构建起不可篡改的信任基础设施、云计算提供即插即用的协作接口时，多元主体（政府、企业、NGO、受益者）得以突破科层制与市场契约的刚性约束，形成基于数字协议的动态协作网络。这种协同遵循"互补性资源整合"逻辑。政府开放公共数据 API 赋能社会企业精准识别需求，NGO 通过物联网设备采集田野数据反哺算法优化，而受益者借助 DAO 治理机制直接参与决策投票，形成"数据—服务—反馈"的闭环价值流。技术在此过程中扮演连接介质（5G 低延时传输多方数据）、协调规则（智能合约自动分配收益权责）、信任中介（AI 算法公证协作绩效）三重角色，最终将离散的社会资源编织成具有自组织能力的价值网络。更深层的变革在于权力结构扁平化：传统慈善中捐赠者、执行者、受益者的线性关系，被重塑为多节点交互的网状结构（如开源社区开发者、数据标注员、影响力投资者共同构建教育普惠平台），每个参与者既是资源供给者又是价值创造者。这种生态协同不仅突破集体行动困境，更通过数字孪生技术实现跨时空协作（全球志愿者虚拟开发贫困地区数字地图），推动社会问题解决从单一主体主导转向分布式系统涌现。

5. 社会问题的敏捷治理

在数字社会创业的背景下，技术赋能正在改写我们应对社会问题的方式，让“感知—决策—行动”形成一个更加高效、闭环的反应系统。过去，很多社会治理靠滞后的数据和经验来判断，往往慢半拍；而现在，借助物联网、社交媒体、遥感技术等多源数据，人们几乎可以在实时的情况下捕捉到贫困、环境风险、教育缺口等变化的苗头。这些数据被送入人工智能算法处理后，能够迅速模拟各种应对策略，如灾后资源分配路径，通过数字孪生等技术反复推演并找到最优方案。相比传统靠专家讨论的决策流程，这种方式显然更快、更具弹性。

6. 社会价值放大且可测量性

数字社会创业不仅在做事的方式上与传统公益不同，在价值衡量的维度上也发生了深刻转变。过去，我们常说：“做公益看重的是影响，但影响怎么量化?”现在，有了数字技术的支持，这个问题正在被解决。通过人工智能算法对来自社交媒体、遥感影像、传感器等多源数据的实时分析，我们能看到原本被忽视的社会问题之间的潜在关联。如，一个地区的教育缺失，往往和贫困、就业难、治安问题有着深层联系。在这种“全景式感知”下，技术带来的社会影响也不再只是“帮到了几个人”，而是能撬动系统的连锁反应，如，通过一次技能培训提升就业率，从而间接降低犯罪率。

除以上特征之外，更关键的是这些影响不再只是“说出来”，而是“看得见”。区块链技术能让每一笔投入、每一次服务都有记录，而大数据分析则能用因果模型判断出项目是否真正带来了变化。例如，一个支持残障人士就业的项目，可以通过自动记录工作时长、收入变化等数据，生成真实可信的动态影响报告。过去我们靠抽样，现在我们靠全量；过去我们靠主观感受，现在我们用数据说话。这种转变让社会价值不仅能放大，还能清晰地被衡量和反馈。更进一步，一些平台已经开始尝试将这些影响“定价”，也就是说，做出的社会贡献有机会通过加密货币、影响力积分等方式转化为可交易的“价值资产”。这也意味着，未来公益组织和企业之间的合作，可能不再只依赖“爱心”或“形象”，而是基于对“可衡量的社会回报”的明确预期。

三、传统社会创业与数字社会创业的关系

传统社会创业与数字社会创业的关系：一是两者均追求社会使命优先，均以解决社会问题为根本目标。二是两者均具有双重价值追求，需平衡社会效益与经济效益（虽平衡机制不同）。三是两者均采用创新模式解决社会问题，试图突破传统路径依赖，提供新的解决方案。

但是，传统社会创业与数字社会创业又具有典型的差异性，具体如表 6－1。

表 6－1　数字社会创业与传统社会创业的差异

比较维度	传统社会创业	数字社会创业
核心资源	依赖实体资源（资金、人力、物资）	以数据、算法、数字平台为核心资产
组织形态	层级化机构运作	分布式网络组织（DAO、虚拟协作社区）
问题识别方式	田野调查、个案分析	大数据挖掘、卫星遥感等实时监测
服务交付模式	线下实体服务为主	数字产品/服务主导（App、SaaS 平台）
扩展边界	受限于物理空间与人力	全球覆盖潜力（跨境数字公益）
风险结构	运营成本风险突出	技术伦理风险凸显（算法歧视、数据隐私）

第一，解决问题的方式从“事后补救”走向“事前预警”。数字技术的引入，使社会问题的响应机制更加前置化。借助卫星遥感、物联网传感器与社交平台数据，人工智能能够实时整合多源信息，建立社会风险的“数字孪生体”。以公共卫生领域为例，系统可以通过分析地区就诊记录、人口流动趋势等，预测传染病暴发的潜在风险，从而实现提前干预与资源调度。这种从“发现—处理”到“预测—干预”的转变，正在重塑我们应对社会问题的逻辑。

第二，受益者的角色从“被动接受”变为“主动共创”。过去，社会项目大多由专家设计、由机构提供，服务对象的话语权极低。但现在，用户生成内容（UGC）与技术工具的普及，打破了传统的权力边界。以残障群体为例，他们不再只是“被帮助者”，而是通过低代码平台参与无障碍应用的开发，将自身需求直接转化为功能设计。这种基于

用户数据的参与式创新，既提高了服务的贴合度，也通过区块链等机制实现了“谁参与、谁受益”的分配逻辑，让他们真正成为价值创造的贡献者。

第三，协作网络从“本地合作”拓展到“全球互联”。数字社会创业突破了空间和资源的限制，使“全球合力”成为可能。如，部分去中心化的自治组织让不同国家的志愿者通过线上平台共建公益项目，语言、国界、制度不再是壁垒。同时，分布式算力平台也将全球闲置的计算资源整合起来，供“草根”组织使用。这意味着，即使是资源匮乏的发展中国家，也可以接入顶尖技术能力，推动本土社会问题的解决。

综合来看，数字社会创业不只是技术的“外壳升级”，更是对社会问题解决方式的一次“结构重写”。它通过预测性技术降低系统脆弱性，通过受益者参与激发内生动力，通过全球协作放大影响力，并逐步引领社会创新从“点状修复”迈向“系统性重塑”。

第二节　数字社会创业下的双元价值平衡及挑战

一、数字社会创业的双元价值平衡变迁

（一）社会企业下的双元价值平衡

双元价值是社会创业理论的核心概念，指社会企业在统一行动框架内同时追求的经济价值与社会价值的复合目标（Mair 和 Marti，2006）。经济价值，通常指企业通过市场化方式获得的收入，如销售商品、提供服务所得。它的主要作用是确保组织在没有捐赠的情况下也能长期运转，如深圳市残友集团控股股份有限公司通过残障人士参与生产获得产品利润，为运营提供资金支撑。而社会价值则体现为企业对现实问题的

积极回应，如增加弱势群体的就业机会、推动环境改善、促进教育公平等。

经济价值和社会价值两者的关系，并不是简单的“二选一”或“此消彼长”，而是可以彼此促进的，经济价值为社会项目提供了稳定的资源保障，社会价值则反过来带来政策支持、品牌声誉和用户黏性，从而促进商业成长。就像盈利是为了“能走下去”，做公益是为了“不忘初心”，两者若能形成闭环，便构成了一种良性的共生循环。

当然，这样的共生是有代价的。当企业过于强调收入时，容易忽视弱势群体的真实需求，甚至滑向“公益外壳下的盈利导向”；相反，如果一味追求社会理想，又可能陷入入不敷出的经营风险。真正成熟的社会企业，往往通过制度化机制来管理这种张力。例如，有的企业规定盈利的一定比例必须投入公益项目，有的则引入服务对象代表进入治理结构，让受益者有说话权，也有一些企业尝试引入社会影响力债券等金融工具，既保障项目资金，又对社会效益有明确承诺。

可以说，双元价值的平衡是一门动态调控的艺术。在动态调控过程中，社会企业不仅突破了传统慈善对捐赠的依赖，也有效回应了慈善面临的常见困境，如资源不稳定、服务低效、专业不足等问题。通过构建经济自循环、技术赋能决策，以及提升组织专业化水平，社会企业将“行善”从道德驱动转变为组织战略的一部分。

从长远来看，这种模式让“做好事”不再只是偶尔为之的情感表达，而是成为嵌入市场机制的制度承诺。一旦社会价值的实现被纳入盈利逻辑，企业在不断追求成长的同时，也必须持续优化服务、兑现承诺，从而推动社会价值与经济价值的双轮驱动真正落地。

（二）数字社会企业下的双元价值平衡

数字社会创业与传统社会创业在双元价值平衡机制上的本质差异，缘于技术介入对组织资源结构、行动逻辑与价值生产关系的系统性重构（Gregori 和 Holzmann，2020）。传统社会创业的平衡模式主要依赖制度设计与经验判断，其核心是通过有限的混合性安排（如部分利润再投资、政府补贴补充）调和市场逻辑与社会使命的冲突，例如公平贸易企业将溢价部分反哺生产者社群。

数字社会创业通过技术赋能实现了双元价值平衡的动态平衡系统，在资源配置、决策机制和价值转化 3 个方面引领了范式的转变。首先，资源基础的转型由物理资源依赖转向数据驱动。社会问题的数据化，如贫困群体的消费行为轨迹、环境传感器数据流等，使经济与社会价值的创造不再受到物理资源投入的限制，而是通过数据资产的优化配置实现双向提升。如，区块链技术能够将减排行为转化为可交易的“碳积分”，这不仅可以推动企业实施减排措施（社会价值），还可形成碳金融收益（经济价值）。其次，平衡机制从传统的人工调整升级为算法治理。人工智能模型能够实时分析用户行为数据（如教育平台的使用频率和服务反馈），根据这些数据动态调整商业与社会投入的比例。此外，智能合约可自动锁定部分收益用于社区再投资以避免传统模式下的“使命漂移”。这一机制通过减少人为干预，确保了社会企业使命的持续性和稳定性。最后，价值转化从传统的线性分隔转变为网络协同。数字技术的可扩展性，如开源代码复用和云计算资源的弹性调度，使社会效益和经济收益呈现指数级的协同增长。例如，全球医院广泛采用的开源医疗人工智能系统不仅能降低医疗成本（社会价值），还通过定制化服务收费实现商业闭环（经济价值）。更深层次的变化体现为价值的“可编程性”：传统社会创业的双元价值平衡往往受限于组织边界和地理区域，无法实现大范围辐射，而数字社会创业则通过 API、分布式账本和虚拟协作网络，将社会价值转化为可以跨境流通的数字协议（如影响力代币）。这种方式使经济价值的捕获和社会价值的扩散形成了全球化的共振，消除了传统模式中“社会优先”与“商业主导”的二元对立。通过数字生态系统的自我进化能力（如用户数据反馈优化算法），数字社会创业能够持续实现双元目标的动态平衡，从而标志着社会创业从“静态妥协”迈进“技术重构”的新阶段。

数字社会创业在双元价值平衡方面的创新不仅体现为机制上的革新，还实现了动态适应性与规则稳定性的辩证统一。动态平衡的理论根源为复杂系统理论中的自组织适应性，系统通过实时数据流（如用户行为、环境变量、资源状态）构建持续反馈回路，使经济价值与社会价值的分配比例不再依赖周期性的战略调整，而是能够随着情境的变化即时响应。例如，基于 API 的舆情监测系统能够实时捕捉社会需求的波动，并自动调节商业化服务的溢价比例，从而确保公益投入的强度得以维持。这种动态平衡突破了传统社会创业中的“计划—执行”线性模式，将平衡过程从离散决策转化为连续的价值流调整。技术中介平衡则建立在制度经济学的合约理论基础上，通过智能合约将社会承诺（如利润再投资比例、数据使用伦理等）固化为不可篡改的执行规则。在这种模式下，算法成为价值分配的“客观仲裁者”，例如基于预言机输入的社会影响指标自动触发资金流向调整，从而消除传统治理中的人为偏差。二者的协同创新表现在：动态平衡确保系统对外部变化具有灵活适应性，而技术中介平衡则维持核心原则的稳定性。这种“弹性—刚性”耦合机制不仅避免了传统平衡模式中“使命漂移”与“创新僵化”的两极困境，还通过技术架构将市场效率和公益公平的双重制度逻辑编码为可计算的组织基因，最终实现了双元价值从“被动调和”向“主动共生”的范式跃迁。

二、数字社会创业的双元价值平衡模式及特征

（一）数字社会创业的双元价值平衡模式

1. 技术驱动的动态定价平衡模式

技术驱动的动态定价平衡模式是一种基于实时数据与智能算法的双元价值协调机制，其核心在于通过动态价格调节实现经济收益与社会效益的弹性适配。该模式主要应用于资源供给有限且需求异质性显著的社会服务领域（如医疗、教育、灾害救援），旨在破解传统公益中普惠性与可持续性的矛盾。其基本原理遵循“数据感知—算法决策—动态执行”3 层架构。首先，物联网设备、移动终端与公共数据库实时采集用

户支付能力、服务成本及社会需求强度等多维数据，如区域收入分布、服务使用频率等；其次，机器学习模型（如强化学习）分析数据关联性，生成差异化定价策略，如高收入者支付溢价补贴低收入群体等，并通过区块链智能合约固化分配规则以确保透明度；最后，动态价格根据供需变化持续迭代，例如在灾后重建中，基于卫星遥感的物资短缺数据实时上调富裕地区应急包售价，以补贴受灾区域免费发放。该模式通过技术中介将市场定价机制与社会公平诉求编码为可计算的平衡规则，既保障组织财务可持续（经济价值），又实现资源精准再分配（社会价值），形成“价格弹性—服务覆盖”的正向循环。

该模式通过“数据感知—算法决策—动态执行—反馈迭代”闭环架构实现双元价值平衡：物联网设备与公共数据库实时采集用户支付能力、服务需求强度及成本结构数据；机器学习模型（如强化学习）分析多变量关联性，生成差异化定价策略；智能合约自动执行价格规则并分配收益，区块链确保过程透明可溯；用户行为数据反馈至算法实现持续优化，形成动态适应系统。其具有如下机制：

（1）基于主从博弈的动态定价模型

该机制的理论基础源于博弈论的主从博弈框架，通过构建主导者（如平台或公共服务提供者）与从属者（如用户或小型供应商）的互动模型，实现双元价值的动态均衡（Liu 等，2023）。主导者通过设定价格信号引导从属者行为，例如在电力市场中，电网公司作为主导者制定分时电价，引导用户在低谷时段用电（社会价值目标），同时通过价格差获取收益（经济价值）。根据斯塔克尔伯格博弈模型，主导者需预测从属者的反应函数，以最大化综合效用函数，既包含自身利润，又嵌入社会效益权重（如碳排放减少量）。技术实现上，强化学习算法通过模拟博弈过程不断优化定价策略，例如在微电网系统中，人工智能模型基于历史用电数据和天气预报，动态调整电价以优化能源调度，提高风能和光伏发电的本地消纳率，减少可再生能源浪费。这种机制的核心优势在于将社会价值目标（如能源公平）量化为可计算的博弈参数，通过激励相容设计（如低价时段补贴）协调个体理性与集体最优的矛盾。

（2）强化学习驱动的动态优化机制

该机制以机器学习中的强化学习为核心，构建“状态—动作—奖励”循环，通过持续试错实现双元价值的最优策略探索（Zou 等，2021）。在电商场景中，状态空间包括实时市场需求、竞争对手价格、库存水平及用户画像；动作空间为价格调整幅度；奖励函数则综合经济收益（如毛利率）与社会效益指标（如低收入用户覆盖率）。深度 Q 网络（DQN）通过离线训练与在线微调，能在复杂环境中识别高维特征关联。例如，发现特定商品降价虽减少了单笔利润，但能通过吸引价格敏感用户提升整体市场份额与社会影响力。理论层面，马尔可夫决策过程（MDP）框架确保了策略的时序一致性，避免短视定价导致的长期价值损耗。以在线教育平台为例，算法通过分析学员完课率与付费意愿的动态关系，自动调整课程定价梯度：高价课程利润支撑免费公开课开发，而公开课用户转化为付费学员的概率被纳入奖励函数，形成“商业—公益”互哺的增强回路。

（3）智能合约固化的透明执行机制

该机制依托区块链智能合约的技术特性，将双元价值分配规则编码为不可篡改的自动执行程序，消除传统定价中的人为操纵与道德风险（Liu 等，2023）。其理论内核是制度经济学的可信承诺（Credible Commitment）理论，即通过技术刚性约束替代道德自律，确保社会价值投入的确定性。技术架构层面，预言机接入外部可信数据源（如政府扶贫数据库），触发条件式支付：当受助地区人均收入提升达预定阈值时，合约自动释放奖励金激励商家。这种机制通过算法透明性重塑信任结构，消费者因确信社会价值兑现而更愿支付溢价，企业则因规则不可逆而规避“使命漂移”风险。在碳交易场景中，智能合约将企业减排数据与碳价波动绑定，动态调整碳配额价格，既激励技术创新（经济价值），又确保减排目标达成（社会价值），形成制度与技术双驱动的平衡范式。

该机制通过“制度—技术”耦合设计确保社会价值的不可压缩性。首先，在治理架构中嵌入社会价值约束条件，例如通过去中心化自治组织赋予受益者治理权，使其直接参与定价规则投票（如残障群体代表否决过度商业化的服务定价），将罗尔斯正义理论中的“差异原则”转化为算法参数；其次，算法目标函数设定社会价值的刚性下限，运用多目标优化理论中的约束优化方法（如 ε—约束法），强制要求经济收益最大化必须以社会效益达标为前提（如教育覆盖率不低于阈值）；再次，引入社会价值审计链，通过零知识证明技术在不泄露商业机密的前提下，验证定价策略的社会影响指标（如基尼系数变化量），形成第三方监督的技术闭环；最后，建立社会价值优先的激励相容机制，基于机制设计理论，通过“社会溢价”奖励（如税收减免比例与社会效益指标挂钩）引导企业主动强化公益投入。这种制度技术双嵌入的架构，使社会价值不再是可妥协的软性目标，而是成为组织存续的刚性规则，从根本上规避“使命漂移”的系统性风险。

2. 数据资产化的价值循环模式

数据资产化的价值循环模式是一种将社会行为数据转化为可交易资产并通过市场化运作反哺社会价值的创新机制，其核心为构建“数据生产—确权交易—收益再投资”闭环系统（Beauvisage 和 Mellet，2020）。该模式主要适用于具有显著正外部性且可量化记录的社会领域，如环境保护（碳足迹数据）、医疗健康（患者诊疗轨迹）及文化遗产保护（传统知识），其本质是通过技术手段将分散的社会贡献转化为标准化数字资产。其基本原理依托区块链与人工智能技术：首先，物联网设备、移动终端及公共服务系统持续采集社会行为数据（如个人减排量、社区教育参与度），并通过区块链进行确权存证，确保数据所有权及贡献可追溯；其次，数据经人工智能清洗分析后形成高价值资产包（如碳信用单元、健康风险评估模型），在去中心化交易平台按需定价出售给企业或政府；最后，智能合约自动将收益按预设比例分配至数据贡献者与社会项目，形成“数据创造价值—价值激励行为”的增强回路。例如，居民垃圾分类行为数据经加密确权后，授权环保企业用于碳市场交易，收益部分返还居民账户以激励其持续保持环保行为，另一部分投入社区再生能源建设。这一模式通过市场化机制将社会价值的隐性贡献显性化，使公益行为从单向消耗转向可持续增值。

该模式遵循“数据采集—确权封装—价值交易—收益反哺”原则；物联网设备与数字接口实时采集社会行为数据（如环保行动、教育参与），区块链技术完成数据确权与加密存证；人工智能模型清洗分析形成标准化资产包（如碳信用单元、健康风险图谱），并在去中心化交易平台按供需动态定价；智能合约自动执行收益分配，将部分资金回流至数据贡献者及社会项目；收益激励驱动更多社会主体参与数据生产，形成可持续增值循环。其具有如下具体机制：

（1）社会行为数据的产权确权机制

该机制通过区块链技术重构数据产权制度，将分散的社会贡献转化为可交易的数字资产。科斯定理指出，清晰的产权界定是市场交易的前提，而传统公益中个体社会价值贡献（如垃圾分类、志愿服务）因无法确权而难以资本化。区块链技术通过分布式账本为每项社会行为生成唯一数字指纹（如碳排放数据哈希值），并结合零知识证明技术验证贡献真实性而不泄露隐私。例如，“蚂蚁森林”用户低碳行为数据经加密确权后，转化为个人碳账户资产，可在碳交易市场出售给企业用于抵消排放量。法律层面，数据信托架构将所有权与使用权分离，社群保留治理权（如投票决定数据使用范围），企业通过许可协议获取使用权。这种机制破解了公共产品供给中的“搭便车”困境，使隐性社会价值显性化为可分割、可流通的资产，激发个体可持续参与行为的长期动力。

（2）数据资产动态定价与流动性增强机制

该机制依托市场设计理论，构建社会数据资产的定价模型与交易市场，解决非标资产的流动性难题。根据信息经济学原理，数据价值取决于其稀缺性、可验证性与应用场景宽度。AI 驱动的定价引擎通过分析历史交易数据、需求方应用场景及社会效益指标，生成动态估价曲线。去中心化交易所采用自动做市商（AMM）模型，通过流动性池的方式实现即时交易。例如，生物多样性数据交易池中，科研机构、环保企业与政府按需买卖数据资产。博弈论模型显示，这种机制通过价格信号引导数据流向高价值应用场景（如濒危物种保护算法训练），同时流动性激励（如交易手续费分红）可以吸引更多数据供给方入场，形成供需互促的良性循环。技术实现层面，联邦学习允许数据在不离开本地的情况下参与模型训练，确保在隐私安全下的价值释放。

（3）智能合约驱动的收益再投资机制

该机制通过算法预设社会价值分配规则，确保数据变现收益精准反哺公益目标。依据机制设计理论，智能合约将收益分配逻辑编码为不可篡改的自动程序：例如可设计碳交易收益的60%返还数据贡献者，30%投入社区光伏电站建设，10%用于平台维护，这种“条件—行动”规则链，既可避免传统公益中资金挪用的道德风险，又通过可验证性增强捐赠者信任。在文化遗产保护场景中，村落居民传统知识数据交易收益的40%锁定用于语言复兴项目，链上存证确保每笔支出对应具体活动（如教材编写、仪式复原）。实验经济学模拟表明，智能合约的刚性约束使社会再投资率提升至传统模式的3倍以上，同时有效降低了管理成本，形成“数据资产化—收益社会化—影响扩大化”增强回路。

该机制通过数据主权的社群化治理与社会价值的内生性增值设计，构建起社会价值优先的刚性约束体系。在治理层面，数据信托架构赋予原始数据贡献者（如社区、环保志愿者）对数据使用方向的否决权，基于埃尔斯特的协商民主理论，通过去中心化自治组织投票机制决定数据资产的商业化边界，如禁止将传统医药数据用于专利垄断。在技术架构层面，社会效益指标被编码为数据交易的前置条件，例如碳数据交易需通过零知识证明验证其减排量的额外性（Additionality），以确保每笔交易对应真实环境效益。在经济机制层面，引入社会价值乘数模型，算法根据数据应用场景的社会影响权重，如教育数据用于贫困地区算法优化可获得3倍收益加成，动态提升该类资产的交易溢价，引导资本主动流向高社会价值领域；同时，通过图灵奖得主霍尔的形式化验证方法，将社会目标（如数据使用不得加剧数字鸿沟）转化为可用数学证明的智能合约代码，确保任何商业操作都无法绕过预设的社会伦理约束。这种“治理—技术—经济”三位一体的制度设计，使社会价值不再依赖道德自觉，而是成为数据价值链中不可分割的生成性要素。

3. 平台生态的协同增值模式

平台生态的协同增值模式是以数字平台为中心，通过整合多方主体的资源和能力，构建一个社会价值与经济价值共生的创新系统（Rong, 2021）。这一模式主要适用于需要跨地域、跨领域协作解决的复杂社会问题，例如气候变化、教育公平、公共卫生等。其核心在于通过技术架构与治理规则设计，将分散的政府、企业、非政府组织、受益者及技术开发者整合进统一的生态系统，实现资源互补与价值共振。其基本原理是基于平台经济学与网络效应理论，平台通过开源技术栈（如区块链、API）降低参与门槛，吸引各方主体贡献差异化资源（如企业提供资金、开发者贡献代码、社区提供数据等），通过智能算法（如推荐系统、匹配引擎）动态组合资源，生成定制化解决方案（如区域适应性教育课程、低碳供应链模型）。去中心化自治组织治理机制确保各方依据其贡献度（如代码提交量、数据质量）共享生态收益，同时通过声誉系统防止“搭便车”行为。例如，开源环保平台“EarthGuard”聚集了卫星公司、科研机构与环保组织，企业支付费用获取碳排放数据分析服务，收益则用于支持社区监测设备的部署，形成了“数据—资金—技术”的协同增值链。这一模式通过技术中介打破组织边界，将传统的线性价值链升级为多向互助的价值网络，推动社会问题的解决从零和博弈转向共生进化。

该模式通过“资源聚合—智能匹配—价值分配—生态进化”四阶架构来实现多方主体的协同。开源技术栈（如区块链、API）整合分散的资源供给（如资金、数据、技术能力）；人工智能算法（如协同过滤、图神经网络）实时识别最优资源组合方案；去中心化自治组织治理机制依据贡献度（如代码提交量、数据质量）分配收益；用户行为与市场反馈数据不断优化生态规则，形成自我增强的价值网络。

（1）开源协作的资源整合机制

该机制通过开源架构与技术标准化打破组织边界，激活长尾资源的社会价值转化。根据平台经济学理论，开源协议降低了参与门槛，从而吸引了不同主体贡献碎片化资源（如开发者代码、用户数据、企业算力），最终形成一个规模化的资源池。例如，开源教育平台“智慧课堂”允许全球开发者提交教育模块，企业通过 API 调用这些模块来构建定制化课程，并支付许可费，收益按贡献值分配给开发者与公益基金。在技术实现方面，区块链记录代码贡献哈希值，确保知识产权可追溯；图数据库则用于建模资源依赖关系，识别跨领域协同机会（如教育数据与就业市场需求的关联）。在理论层面，该机制通过“模块化分工”和“接口标准化”降低了交易成本，将传统的线性价值链转变为多中心的协作网络，从而使社会问题的解决从“单点突破”转向“系统涌现”。

（2）智能算法的动态匹配机制

该机制基于复杂网络理论与机器学习，实现资源供需的精准实时匹配。在公共卫生领域，平台通过图神经网络分析疾病传播网络、医疗资源分布和人口流动数据，动态生成最优资源调度方案（如疫苗分配路径、临时医院选址）。算法目标函数综合考虑经济成本（如运输费用）和社会效益（如生命损失最小化），通过帕累托前沿分析确保双元价值的平衡。例如，在中国的疫情防控期间，多个地区平台结合人工智能与大数据技术，快速响应并优化了防疫物资分配，提高了医疗资源的使用效率，减少了物资短缺。在技术层面，联邦学习可以在加密状态下联合多方数据建模，避免隐私泄露；数字孪生技术则能够模拟不同策略的长期影响（如经济复苏速度与二次传播风险），支持前瞻性决策。该机制的核心在于通过技术中介将社会目标嵌入市场匹配逻辑，实现资源利用效率与公平性的提升。

（3）去中心化自治组织驱动的治理与收益分配机制

该机制依托去中心化自治组织理论，通过算法化治理规则实现公平透明的价值分配。在我国的碳交易平台中，参与者（数据贡献者、开发者、投资者）通过持有治理代币行使投票权以决定收益分配比例（如数据贡献占 40%、代码开发占 30%、资本投入占 30%），智能合约自动执行分配并在链上公示。因此，机制设计中的“激励相容”原则得以体现，贡献者的声誉值（如数据准确性评级）影响投票权重，防止“搭便车”行为；二次方投票机制则有效抑制资本垄断决策。例如，碳数据交易平台“碳汇科技”通过去中心化组织投票表决将70%的收益投入气候适应项目，剩余的30%则按贡献进行分配。在技术实现层面，零知识证明验证贡献真实性，预言机接入外部数据源（如卫星碳监测报告）触发条件式支付。该机制通过代码规则替代传统的科层制管理，不仅降低了协调成本，也确保了社会价值目标不被资本利益稀释。

（4）网络效应驱动的价值指数增值机制

该机制遵循梅特卡夫定律，通过生态参与者的互联互通实现双元价值的指数级增长。以开源医疗平台为例，只要有新增医疗机构接入，其贡献的病例数据可提升人工智能诊断模型准确度（社会价值），同时吸引更多药企购买数据服务（经济价值），形成“数据质量—用户规模—商业收入”正反馈循环。在技术架构层面，边缘计算节点分布式处理数据，降低中心化存储成本；同态加密技术允许数据在加密状态下参与模型训练，保障隐私安全。网络科学中的无标度网络模型揭示，核心节点（如三甲医院、顶尖开发者）的枢纽作用加速生态成熟，其贡献的高质量资源（如罕见病诊疗方案）吸引长尾用户聚集，形成“富者愈富”的良性循环。该机制的本质是通过技术杠杆放大协同效应，使社会价值创造具备自我增强的内生动力。

该模式通过生态规则的内生性设计与网络效应的价值导向性，构建社会价值优先的自组织系统。在生态规则层面，平台架构预设社会效益的“元约束”，例如开源协议强制要求所有衍生解决方案必须保留公益模块（如教育平台代码库中贫困地区适配功能不可删除），基于奥斯特罗姆的公共资源治理理论，通过技术刚性保障社会目标的不可压缩性；在激励机制中引入“社会声誉资本”，参与者的贡献评估不仅可量化经济产出（如代码提交量），更赋予社会影响权重（如残障用户可及性改进系数），使高社会价值行为获得生态内优势资源倾斜（如优先接入算力池、流量推荐）。网络效应理论进一步强化以下逻辑：当平台通过数据标准（如公平性验证API）引导开发者自发兼容社会目标时，生态内工具链、用户习惯与商业模式将形成路径依赖，例如医疗人工智能平台要求所有模型训练数据必须包含罕见病样本，倒逼企业将社会包容性纳入研发基础架构。这种“规则—激励—演化”三重锁定机制，使社会价值成为生态参与者的生存理性选择，而非外部附加条件，最终实现社会目标与生态繁荣的深度互嵌。

（二）数字社会创业的双元价值平衡特征

与平衡模式的实践逻辑相呼应，数字社会创业在双元价值协同层面呈现区别于传统社会创业的技术中介性、动态适应性、网络效应协同性与价值可编程性。这些特性共同构成数字技术重构社会创新的基本特征，推动双元价值从“机械平衡”转向“有机共生”。

1. 技术固化与制度承诺的融合

数字社会创业的双元价值平衡本质上是技术对制度形态的重构，其核心特征在于将社会价值承诺编码为不可逆的技术规则。区块链智能合约通过图灵完备的代码语言，将社会目标（如利润再投资比例、数据使用伦理）固化为自动执行的数字契约，形成“制度刚性”。例如，影响力代币发行协议强制要求30%收益流向社区发展基金，任何修改须经去中心化自治组织投票超75%票数的同意。这种刚性源于区块链的不可篡改性，其理论根基是制度经济学中的可信承诺理论，通过技术手段消除“委托—代理”关系中的道德风险，使社会价值优先原则脱离道德约束，升格为组织存续的技术性基础设施。相较于传统社会企业依赖法律合同与道德自律的脆弱平衡，代码治理通过数学确定性构建起社会价值的“数字护城河”。

2. 数据驱动下的动态价值调节

双元价值的动态平衡机制源于复杂适应系统理论与社会计算科学的交叉应用。社会企业通过物联网、社交媒体与公共服务系统实时捕获多源数据流（用户行为、环境变量、资源状态），构建社会问题的数字孪生模型。强化学习算法在此模型中并行测试数千种价值分配策略，基于贝叶斯优化框架动态调整经济与社会投入权重。例如，灾后救援平台依据实时物资缺口数据，每两小时更新一次商业化服务溢价比例以维持救援资金流。这种动态性突破了传统社会创业的“计划—执行”周期限制，将平衡过程转化为持续的数据流控制系统。控制论中的二阶调节理论揭示其本质：系统不仅响应外部扰动（如需求突变），更能通过历史数据学习预测扰动模式，提前重构价值分配规则，形成具有反脆弱性的自适应机制。

3. 网络协同中的双元价值增效

数字社会创业通过平台架构激活网络效应的协同增值能力，其核心特征在于跨边网络效应与社会价值的深度耦合。传统平台经济侧重用户规模与商业收益的正反馈（如梅特卡夫定律），而数字社会创业进一步引入“社会效益—网络密度”的关联模型，如在开源教育平台中，每新增一个开发者贡献教学模块（社会价值），既可吸引更多学校采购服务（经济价值），又可通过数据反馈优化模块质量（社会价值增强），形成“社会→经济→社会”增强回路。这一机制的理论基底是网络科学中的超线性增长模型，社会价值创造者与经济价值生产者通过数字接口形成互惠依赖，其协同效率随节点连接数呈指数级提升。这种升维重构突破了传统公益的线性增长极限，使双元价值的共生关系从零和博弈转向超可加性（Superadditivity）演化。

4. 社会价值的通证化与市场融通

数字技术的介入使社会价值突破不可测量、不可分割、不可流通的传统困境，通过通证化（Tokenization）实现与市场体系的深度兼容。基于信息论的编码理论，社会效益（如碳减排量、教育公平指数）被压缩为标准化数据包，并封装为可交易的数字通证（如影响力代币）。在去中心化交易所，这些通证通过自动做市商机制形成连续定价曲线，使社会价值的边际贡献可量化、可验证。例如碳信用代币的实时价格反映市场对减排效益的共识估值，企业购买代币既可履行社会责任（社会价值）又可对冲未来碳税成本（经济价值）。在金融工程学视角下，这种兼容性源于社会价值的期权属性，即通证持有者实质上获得了未来社会效益转化的看涨期权。相较于传统企业社会责任（CSR）的会计处理，可编程价值通过市场定价机制将社会效益纳入企业资产负债表，倒逼经济决策内化社会成本，实现卡尔多—希克斯效率的帕累托改进。

5. 分布式治理推动集体共识生成

数字社会创业在治理结构上发生了深刻变革。去中心化自治组织为决策提供了新模式，参与者不再是“被服务者”或“观望者”，而是通过代币机制参与投票与治理。采用如二次方投票、流动民主等机制，确保不同利益主体在多目标优化中实现相对公平。例如，在开源医疗平台，医生、患者与研发机构共同参与决策，人工智能模型综合各方偏好给出平衡建议。所有治理过程被写入区块链，既透明又可追溯，从而降低治理过程中的不信任成本。在此过程中，技术不仅提升了效率，更为“参与式治理”赋予了可行性与稳定性。

数字社会创业的双元平衡特征标志着社会创业从“制度修补”迈入“技术重构”阶段。控制论中的二阶循环理论可解释其演进逻辑：传统平衡模式依赖外部规制（如法律、伦理）约束价值冲突（一阶控制），而数字范式通过技术架构内嵌平衡规则（如算法目标函数的社会权重参数），使系统具备自我调适能力（二阶控制）。例如去中心化自治组织治理中，社会价值指标（如受益者满意度）实时输入智能合约，自动触发经济收益的再分配比例调整，形成“感知—适应”自组织系统。这种技术重构不仅突破了制度性交易成本的约束（诺斯悖论），更通过数字生态的无限扩展性（梅特卡夫定律），将双元价值的共生关系从组织层面提升至系统层面，最终推动社会创新范式的代际跃迁。

三、数字社会创业的双元价值平衡的挑战

（一）技术伦理与价值目标的不可调和性

数字社会创业面临技术工具理性与社会价值理性的根本性冲突（Chandna 和 Salunke，2022）。算法治理的“黑箱效应”导致社会价值目标被技术逻辑异化，例如教育平台使用推荐算法优化用户留存（经

济价值），却因数据偏见加剧了教育资源分配的马太效应（高收入群体获得更优质内容），形成“算法达尔文主义”。技术批判理论指出，技术的“中立性”神话在此瓦解：机器学习模型隐含开发者的价值预设（如将用户付费能力作为权重参数），导致双元价值平衡沦为技术精英的价值霸权。更严峻的是，区块链的不可逆性与去中心化自治组织的“代码即法律”原则，可能将社会不公固化为技术性事实（如智能合约自动执行歧视性条款），哈贝马斯所批判的“系统对生活世界的殖民”在此具象化。这种伦理困境源于技术架构与社会价值的非对称性：技术系统追求确定性、效率与可扩展性，而社会价值需要模糊性、包容性与动态协商，二者在底层逻辑上存在不可调和的张力。

（二）制度逻辑冲突下的组织合法性危机

数字社会创业需同时遵循市场逻辑（效率、竞争、利润）与社会逻辑（公平、协作、公益），制度理论揭示这种“混合组织”面临合法性获取的多重矛盾。当社会企业通过数据资产化获取收益时，其“非营利”身份受到传统慈善法质疑（如要求70%支出直接用于公益项目），而过度商业化则引发公众信任危机（如用户质疑其社会使命真实性）。这种冲突在治理层面尤为显著：去中心化自治组织的链上治理依赖代币持有者投票（资本权力主导），与传统社会企业的“受益者中心”原则（一人一票）产生根本冲突。诺斯的制度变迁理论指出，路径依赖使既有法律与认知框架无法适配技术驱动的组织创新，例如数据信托的产权制度在多数法域缺乏明确界定，导致社会企业不得不在法律“灰色地带”运作。更深层的矛盾在于价值衡量体系的割裂：金融市场采用贴现现金流（DCF）评估经济价值，而社会价值依赖主观性强的社会投资回报率（SROI）框架，二者无法纳入统一决策模型，迫使组织在融资与问责之间做出非此即彼的选择。

（三）社会价值量化与资本化的根本性悖论

数字社会创业试图通过数据化与通证化实现社会价值的市场兼容，

但这一过程面临本体论层面的困境。社会价值（如教育公平、社区凝聚力）具有不可分割性、非排他性与情境依赖性，其量化本质是对复杂社会关系的“粗暴”简化。例如将碳减排效益转化为可交易的代币，忽视了不同区域生态系统的脆弱性差异。波兰尼的嵌入性理论指出，社会价值本应嵌入具体的社会关系网络，而通证化强制将其剥离为可流通商品，导致“社会脱嵌”。这种异化在资本化过程中加剧：影响力投资要求可量化的社会投资回报率（如每美元投资的脱贫人口数），倒逼社会企业选择易测量、快见效的“表面指标”（如发放物资数量），忽视长期结构性变革（如阶层流动机会）。更严重的是，“数据殖民主义”（Data Colonialism）使全球南方社会的社会价值被跨国平台无偿占有，非洲农民的气候适应行为数据被封装为碳信用资产，但其定价权与收益分配权由硅谷算法掌控，技术赋能沦为新型剥削工具。

（四）数字权力重构中的结构性失衡

区块链与去中心化自治组织的技术承诺并未消解传统权力结构，反而催生更隐蔽的数字寡头统治。算力与数据资源的马太效应使少数技术巨头主导生态规则制定，例如以太坊基金会通过协议升级权实际控制去中心化应用的演化方向。福柯的“知识—权力”理论在此具象化：掌握算法开发能力的精英阶层（如机器学习工程师）定义何为“有效社会价值”（如将教育公平简化为在线课程覆盖率），边缘群体的话语权被技术壁垒排斥（Foucault，1980）。这种权力失衡在跨国协作中被放大：全球开源社区的代码贡献者中，北美与欧洲开发者占比超 80%，导致数字社会解决方案隐含“西方中心主义”偏见（如扶贫算法默认个体主义行动逻辑）。同时，数字身份的政治经济学困境凸显：难民等无数字身份群体被排除在系统外，其社会价值贡献无法被记录与补偿，成为“数字弃民”（Digital Outcasts）。这种结构性矛盾揭示，技术赋能的公平愿景可能沦为技术精英巩固特权的修辞工具。

这些挑战共同指向数字社会创业的深层悖论：技术既是对“慈善失灵”的解决方案，也可能成为系统性排斥的新起源。突破困境需超越工具主义视角，在技术设计中嵌入批判性社会理论，重构人、技术与制度的共生关系。

第三节　数字社会创业生态系统的构建

数字社会创业的实践演进表明，其本质并非单纯的技术赋能或模式创新，而是通过数字技术重构社会创新的组织形态与互动规则，构建起一个多要素耦合、多主体共生的数字化生态系统（Elia 等，2020）。这一生态系统以区块链、人工智能与大数据为技术基座，将离散的社会资源（资金、数据、人力）转化为可编程、可组合的数字要素，并通过智能合约、去中心化自治组织治理等制度工具，形成"技术设施—数据流动—主体协作—规则演化"的四维协同架构。在此系统中，双元价值的动态平衡机制（Ji 等，2023），如动态定价、数据资产化，不再依赖单一组织的策略调整，而是内化为生态系统的自组织能力。海量用户行为数据实时反馈至算法模型，驱动资源分配规则持续迭代；多元主体（政府、企业、受益者）通过去中心化协议实现风险共担与收益共享；社会价值与经济价值的互惠关系被编码为可验证的智能合约，形成"代码约束—市场激励—社会监督"复合治理网络。复杂适应系统理论揭示（Briscoe 和 De Wilde，2010），这种生态化转型标志着社会创业从"机械式价值交换"转向"有机式共生演化"，其核心功能在于通过技术中介的规模效应与网络效应，系统性突破传统社会创业的资源边界、效率"天花板"与可持续性困境，为破解"慈善失灵"提供了全新的系统化方案。

一、数字社会创业生态系统的要素和功能

（一）数字技术基础设施层

数字技术基础设施层是数字社会产业生态系统的技术基座，由 5 大

核心要素构成：区块链分布式账本技术，通过去中心化与加密算法构建可信协作网络，在公益资金流向透明化与智能合约自动执行中扮演“信任机器”角色；人工智能（以机器学习与深度学习为核心），通过数据建模与预测分析优化社会资源分配（如灾害救援路径规划），成为生态系统的“智能决策中枢”；物联网（如传感器与设备互联），实时采集环境、行为与资源状态数据（如偏远地区水质监测），构建社会问题的数字化感知网络；云计算（弹性算力资源池），提供低成本、高可用的数据处理与存储能力，支撑大规模社会创新实验（如疫情模拟推演）；5G 通信（高速低延时网络），确保海量数据实时传输与多方协作无缝对接（如跨国医疗专家远程会诊）。这些技术要素并非孤立存在，而是通过 API 与协议栈深度耦合：区块链确保数据确权与交易可信，人工智能驱动数据价值挖掘，物联网延伸数据采集边界，云计算释放算力潜能，5G 通信加速信息流动，共同构成数字社会创业的“技术操作系统”，使社会价值创造突破物理约束，实现可编程、可验证、可扩展的系统化创新。

每个技术要素在数字社会创业中的具体作用，如区块链的信任构建、AI 的智能决策、物联网的数据采集、云计算的资源支持和 5G 的连接能力等。总体说来，数字技术基础设施层有如下功能：

1. 信任构建与协作赋能

区块链技术通过去中心化账本与智能合约，构建起无需第三方中介的可信协作网络，成为数字社会创业的“信任基础设施”。其不可篡改特性确保了公益资金流向透明可溯（如基金会追踪比特币捐赠），以及智能合约自动执行预设规则（如收益 30% 锁定用于社区再投资），极大降低了合作中的监督成本与道德风险。制度经济学中的交易成本理论在此得到实践验证：传统慈善因信任缺失导致的协作摩擦（如跨机构数据共享需法律审查）被技术刚性消解，多方主体（政府、企业、非政府组织）得以快速形成共识。例如“蚂蚁链”的“碳中和”解决方案，通过区块链整合企业碳数据与第三方核查，使跨境碳信用交易效率提升 5 倍，吸引全球 3000 余家企业接入生态。这种信任机制的重构，使离散的社会资源能够以更低成本、更高效率形成协作网络。

2. 智能决策与资源优化

人工智能作为生态系统的“神经中枢”，通过机器学习与复杂系统建模，实现社会资源分配的全局优化。其核心功能在于将海量异构数据（卫星遥感、社交媒体、物联网传感）转化为可操作的决策知识，例如印度政府使用人工智能分析2亿名学生的学业数据，动态调整教育资源投放，使农村地区教育质量缺口持续缩小。控制论中的反馈调节理论在此具象化：强化学习算法持续追踪干预效果（如扶贫资金使用效率），并通过多目标优化框架（同时最大化经济收益与社会效益）实时调整策略。例如，在灾害救援中，人工智能模型结合气象数据与物资库存，生成最优配送路径，使应急响应时间大大缩短。这种智能决策能力突破人类认知局限，使社会问题解决从“经验驱动”转向“数据驱动”。

3. 全域感知与实时响应

物联网与5G构成的“数字神经末梢”，实现了社会问题的全时全域感知与瞬时响应。物联网传感器实时捕获物理世界状态（如水质监测浮标每秒传输污染指标），5G网络以毫秒级时延将数据同步至云端，形成社会问题的“数字孪生体”。复杂系统理论中的实时控制机制在此落地，例如，在巴西雨林保护项目中，人工智能分析卫星与地面传感器数据，自动识别非法砍伐并触发无人机巡查，使毁林率大幅下降。这种感知—响应的闭环突破传统公益的滞后性，使社会干预从被动善后转向主动预防。例如，在公共卫生领域，可穿戴设备实时监测群体健康数据，5G确保疫情预警信息秒级可达千万用户，构建起社会风险的“免疫系统”。

4. 弹性扩展与成本革命

云计算通过“算力民主化”彻底改写社会创业的规模经济学规则。其弹性资源池使初创组织无需重资产投入即可调用超级计算能力［如基因测序社会企业使用亚马逊云科技（AWS）加速疾病研究］，以及其边际成本趋零特性（如在线教育平台服务百万用户无需追加服务器）突破了传统非营利组织的增长瓶颈。长尾理论在此获得技术支撑：云计算使小微社会企业能够以极低成本服务边缘群体（如残障人士远程康复平台），而分布式计算，如公益算力共享，将全球闲置设备转化为社会创新的基础设施。例如，疫情期间，云计算支撑的疫苗研发协作平台，使跨国团队算力共享效率提升 20 倍，研发周期压缩至 12 个月，印证了技术基座对规模化社会价值的杠杆效应。

5. 全球协作与知识共享

5G 与开源技术构建起无国界的协作空间，使社会创新突破地理与文化边界。5G 的低延时、高带宽特性，支持跨国医疗团队进行实时远程手术指导；GitHub 等开源平台汇聚了全球开发者智慧；肯尼亚移动支付系统 M－PESA 的开源代码被拉美国家快速适配，普惠金融覆盖率显著提升。网络科学中的“无标度网络”模型揭示了其机制：技术协议成为连接枢纽，如超级账本（Hyperledger）区块链标准，吸引长尾参与者加入其生态系统。世界粮食计划署（WFP）利用区块链与 5G 构建的援助系统，实现了叙利亚难民食品配送的跨国协同，错误率大幅下降，这种全球化协作不仅加速了知识流动，更通过规模效应将局部创新升级为系统性变革。

（二）数据资源流动层

数据资源流动层是数字社会创业生态系统的核心价值载体，由 3 大数据要素构成：社会行为数据（如个人环保行动、志愿服务记录），通过物联网与移动终端实时采集，量化社会贡献并转化为可交易资产（如碳积分），成为生态系统的“价值原料”；公共治理数据（政府统计、政策执行效果），开放共享后驱动精准决策（如人工智能优化扶贫资金分配），扮演“政策智能引擎”角色；商业活动数据（企业供应链、消费行为），经脱敏处理后识别社会需求缺口（如残障群体消费偏好），支撑“商业—公益”跨界创新。这些数据通过区块链确权（保障贡献者权益）、人工智能清洗（提升价值密度）与云计算融合（打破“信息孤岛”），形成“采集—确权—分析—应用”全链流动机制，使离散的社会价值贡献可测量、可组合、可流通，构建起“数据驱动社会变革”的新型生产资料体系，推动数字社会创业从“经验直觉”转向“实证科学”。

数据资源流动层的三重功能，实质是通过数据要素化重构社会生产关系的技术实践。数据不仅是资本增值工具，更成为民主化社会价值创造的媒介，通过技术性制度设计（如数据信托）平衡效率与公平，最终实现“数据为人服务”的范式革命。其可能的3个功能定位如下：

1. 价值转化功能

数据资源流动层的核心功能在于将社会行为、公共治理与商业活动数据转化为新型生产要素，重构社会价值创造的生产函数。依据数据要素市场理论，数据通过确权、标准化与资产化，成为可交易、可组合的数字商品（如碳信用单元、教育公平指数），其边际成本趋零与无限复用特性突破了传统资源的稀缺性约束。例如，个人环保行为数据经区块链确权后，在去中心化市场交易形成碳资产收益，激励更多个体参与减排（正外部性内部化）。此过程遵循科斯定理的产权逻辑：清晰的数据产权界定（区块链哈希存证）降低交易成本，使分散的社会贡献（如志愿服务时长）得以资本化。马克思政治经济学视角下，这种转化实质是数字劳动的价值释放，用户日常行为（如在线学习、绿色消费）被纳入生产资料体系，“数据资本家”与“数据劳动者”（用户）的收益分配关系通过智能合约重构，推动社会价值创造从“剥削性积累”转向“参与式共享”。

2. 决策与治理功能

数据资源流动层通过消解信息不对称，助力社会创业的精准干预与风险预判。信息经济学理论指出，传统慈善因数据碎片化导致资源错配（如过剩捐赠与真实需求错位），而多源数据融合（社会行为数据揭示需求偏好、公共数据定位政策盲区、商业数据识别供给能力）构建起社会问题的全景认知图谱。例如，人工智能整合社交媒体舆情（社会数据）、政府贫困地图（公共数据）与电商消费记录（商业数据），生成动态贫困干预策略，使扶贫资金使用效率提升50%。控制论中的“前馈—反馈”复合控制模型在此具象化：公共数据的宏观趋势预测

（前馈）与社会数据的微观行为追踪（反馈）共同优化决策闭环。更关键的是，数据流动性通过实时风险预警（如环境传感器数据触发灾害响应）破解传统工艺的滞后性，实现社会问题治理从“应急响应”转向“预防性干预”。

3. 协同创新功能

数据资源流动层通过构建跨组织、跨领域的数据共享协议，激活社会创新的协同效应。复杂适应系统理论揭示，当异质数据（如政府统计、企业日志、非政府组织田野记录）通过 API 与联邦学习技术安全流通时，主体间形成“数据互补性依赖”，例如医疗机构临床数据与社区健康档案结合，训练出针对罕见病的普惠诊断模型。博弈论中的合作剩余理论进一步阐释其机理：数据共享产生的协同价值（如跨区域疫情预测模型精度提升）远超个体封闭使用的局部最优，从而激励各方突破“数据孤岛”。在技术实现层面，区块链许可链在确保数据主权不流失前提下实现可控共享，零知识证明验证数据真实性而不泄露隐私。这种协同创新机制使社会创业从“单点突破”升级为“系统变革”。如气候数据共享平台，整合全球企业排放数据，驱动供应链碳减排的链式反应，其影响力扩散遵循网络科学的“级联效应”模型，验证了数据流动性对社会变革的杠杆作用。

（三）多元主体协同层

多元主体协同层是数字社会创业生态系统的活力源泉，由 6 类核心主体构成：社会企业（以解决社会问题为使命的市场化组织），通过数字平台整合资源与需求，扮演生态系统“价值枢纽”的角色；政府机构（政策制定与公共服务主体），开放数据接口与构建“监管沙盒”，为创新提供制度合法性保障；商业企业（营利性市场主体），通过技术捐赠、供应链协同与社会责任投资，注入资金与技术资源；受益群体（服务对象与价值共创者），通过去中心化自治组织治理参与决策并贡献在地知识，确保解决方案的精准性与包容性；技术开发者（开源社区与科技公司），构建区块链、人工智能工具链等数字基础设施，降低社会创新的技术门槛；影响力投资者（追求双重回报的资本方），通过社会债券、公益创投等工具驱动规模化扩张。这些主体借助智能合约确权分责，依托 API 实现能力互补，通过数据共享协议打通信息壁垒，最终构建“问题识别—资源调配—方案实施—价值分配”闭环路径，实现协作效率与社会效益的同步提升。

多元主体协同本质上是异质主体突破“公地悲剧”与“集体行动困境”，形成基于算法规则、数据流动与激励相容的新型协作秩序，推动社会创业从“零和博弈”迈向“共生演化”。其具体功能如下：

1. 打破“孤岛”实现资源互补与能力协作

多元协同的核心优势在于整合原本分散的资源与能力，解决传统社会组织因人力、技术或数据不足而导致的碎片化困境。资源依赖理论指出，单一组织常难以独立应对复杂社会问题，而协作网络则能通过角色分工实现结构性补强。例如，在医疗健康领域，政府可开放医院数据接口，企业提供人工智能分析工具，开源开发者贡献数字问诊模块，共同打造具备智能分诊功能的服务平台。借助 API 标准化交互协议与智能合约，原本各自为政的资源可实现“低摩擦整合”，大幅降低谈判与监督成本，释放协作红利。这类整合打破了以往资源线性投入和线性产出的局限，使原本用一次即弃的资源（如企业闲置算力、志愿者碎片时间）得以激活，提升了系统整体的应对能力与可持续性。

2. 去中心化治理与集体共识的重构

多元主体协同不仅是资源共享，更是治理逻辑的重塑。去中心化自治组织等去中心化组织形式，使边缘参与者也能通过数字机制参与决策与价值分配，从而避免传统公益决策中“上对下”“专家主导”的“父权化”模式。例如，在这一治理框架下，残障群体可投票决定无障碍服务的优先级，教师与学生可共同决定教育平台课程内容。决策权由此实现“下沉”，参与者由“被动接受者”转为“价值共创者”。机制设计理论强调，良性的治理需要激励机制匹配各方目标。例如，通过链上声誉系统记录贡献行为，引入二次方投票、代币上限机制等防范资本主导，使治理过程既民主化，又专业可控。同时，这种机制也实现了哈贝马斯协商民主理念的技术化路径，通过算法与规则让公共意志以可验证、可执行的形式得以落实。

3. 多元主体协同与网络效应的演化

在数字平台支持下，多元主体之间的互动不再是“项目对接”，而是构建起持续联动、不断进化的协同网络。网络科学理论表明，当多个参与节点以数据为连接载体形成互联关系，网络价值将呈指数级增长。例如，在环保平台中，企业上传碳排放数据，不仅可以提升平台监测能力，还可以吸引更多投资者购买碳信用，形成“数据—流量—收益”的三重正反馈机制。平台参与主体越多，社会影响力越大，进而吸引更多资源加入，形成自我强化的演化逻辑。

这种共创网络还能促使系统自组织适应外部冲击。例如，在疫情暴发初期，多个教育平台通过快速协同上线远程教学工具，正是多元协作机制快速响应、多点触发的体现。与此同时，通过开源许可协议、技术组件复用等方式，解决方案可实现“零边际成本复制”，推动社会创新实现从“个案创新”走向“结构性变革”。

（四）制度规则层

制度规则层是数字社会创业生态系统的治理中枢，由 4 大核心要素构成：智能合约（基于区块链的自动执行协议），将社会价值分配规则编码为不可篡改的代码（如收益 30% 定向投入公益项目条款），扮演“数字法律”角色以确保承诺刚性；DAO 治理协议（去中心化自治组织规则），通过代币化投票与提案机制（如二次方投票）实现多元主体共治，破解传统科层决策的垄断性与低效性；数据伦理框架［如《通用数据保护条例》（GDPR）与公平性原则］，约束数据采集、使用与交易的道德边界（如禁止算法歧视），构建技术应用的“道德护栏”；政策激励工具（如社会企业税收减免、数据开放政策），通过制度设计降低创新成本（如云计算补贴），并引导资源流向高社会价值领域。这些要素通过技术刚性（代码约束）与制度弹性（政策适配）的互补，构建起“规则透明—权责对等—风险可控”的治理生态，使分散的社会创新行动在合规框架下形成协同合力，既保障社会使命不被资本稀释，又通过激励机制释放市场活力，最终实现社会价值创造的可信性与可持续性。

制度规则层实质是借助技术刚性（代码不可逆性）与制度弹性（政策适应性）的辩证统一，重构社会创新的治理范式。其也是制度变革的驱动力量，最终形成“技术赋能制度创新、制度引导技术向善”的共生格局。其基本功能定位如下：

1. 构建可信承诺和降低治理与协作成本

制度规则层通过智能合约与DAO治理协议，将社会价值目标固化为技术性制度安排，极大降低协作中的信任成本与执行摩擦。制度经济学指出，传统公益因契约不完全性（如捐赠条款模糊）与监督成本高昂（如审计流程烦琐）导致效率损失，而智能合约通过代码刚性确保规则自动执行（如收益分配比例不可篡改），形成“无需信任的信任”(Trustless Trust)。例如，在区块链碳交易平台，碳减排量验证与资金划转由算法自动完成，较传统碳交易节省较多协商成本。DAO治理协议进一步通过多签机制与链上投票（如二次方投票），将分散主体的利益诉求纳入统一决策框架，破解集体行动中的“搭便车”困境。诺斯的制度变迁理论揭示，这种技术性制度设计通过降低交易成本，推动社会创业从“关系型治理”转向“规则型治理”，形成可复制的协作范式。

2. 平衡创新活力与社会责任边界

随着技术能力的加速释放，社会创新正面临如何在自由探索与公共责任之间把握尺度的问题。制度规则层在此提供了一种“张力调节机制”，通过伦理规范与政策激励共同构建创新的安全边界。一方面，数据伦理规则（如GDPR、公平算法指南）界定了技术使用的道德底线，明确禁止基于弱势群体数据生成歧视性模型等不当行为；另一方面，政策工具（如研发补贴、税收减免、数据资源开放）则为面向公益目标的技术应用提供正向引导与资源支持。以欧盟《数字服务法》为例，其不仅要求平台公开算法逻辑，确保公众知情权与公平性，也同步鼓励企业探索差分隐私、可信计算等新型技术路径。这种“管控+激励”

的制度组合，既避免了技术的“野蛮生长”，也确保创新不会因监管而“窒息”。

此外，制度设计还通过数据信托、许可链机制等方式，使个体和社群保有数据的治理权与决策权，实现“使用权”与“控制权”的分离。以健康数据为例，虽可授权社会组织用于医疗模型开发，但社区仍掌握是否开放、何时撤回等核心权限，形成技术赋能与权利保护的有机统一。

3. 促进“制度—技术”协同演化

制度规则层的第三项关键功能是为技术变革提供灵活的“制度接口”，实现制度与技术的联动式更新，推动两者共同进化。在实践中，DAO 等新型治理机制已具备自我调整能力，可根据组织运行与成员反馈，通过链上提案、投票机制实时优化决策规则。例如，某开源平台根据开发者季度贡献动态调整资助分配算法，既增强了激励精准性，也提升了平台的整体活力。同时，政策制度也通过“监管沙盒”等机制提供“边界可控、风险可控”的试验环境。新兴技术如人工智能社会影响评估模型可在特定场域开展探索，监管部门则在过程中逐步界定合法边界与责任框架，进而推动形成正式制度，如国家人工智能标准化总体组和全国信标委人工智能分委会发布的《人工智能伦理治理标准化指南》即源于此类试点经验的沉淀。这一逻辑符合制度变迁理论关于“技术—制度”共构的核心观点：制度既是对新技术的回应，也会因技术推动而产生自我革新。在复杂适应系统中，“试点—反馈—规则更新”的循环机制，打破了传统制度的路径依赖，使社会创新具备更强的动态响应能力与制度适配力。

二、数字社会创业生态系统功能实现路径

数字社会创业生态系统的功能实现路径，本质是通过技术重构资源逻辑、数据激活价值循环、治理平衡权力结构、网络驱动规模效应、制度适配技术演进的多维协同。其理论创新在于突破传统社会创新的

“二元对立”思维（如经济与社会、中心化与去中心化），构建起“技术—数据—治理—网络—制度”“五位一体”的共生模型，为系统性解决复杂社会问题提供范式级方案。

（一）技术驱动的动态资源整合路径

数字社会创业生态系统的核心功能之一为通过技术架构实现资源的动态整合与高效编排。基于资源编排理论（Resource Orchestration Theory），数字技术通过物联网、区块链与云计算构建“资源感知—智能匹配—动态调度”的闭环机制，将离散的社会资源（如闲置算力、小微资本、志愿者技能）转化为可编程、可组合的数字资产。例如，区块链的分布式账本技术能够将碎片化的小额捐赠整合为透明、可信的公益资金流，并通过智能合约自动分配至不同社会项目，降低传统慈善因信息不对称导致的资源错配风险；云计算则通过弹性资源池实现算力的按需分配，使初创社会企业无需重资产投入即可调用高性能计算能力。更深层的理论逻辑在于，技术中介的资源整合突破了科斯定理中的交易成本约束，通过算法自动优化资源组合（如强化学习模型动态调整供应链优先级），形成资源和需求的实时适配网络，从而支撑社会价值的扩散。

（二）数据要素的价值共创循环路径

数据作为新型生产要素，其流动性决定了生态系统的价值创造效率。依据数据要素市场理论，社会行为数据（如环保行动记录），与公共治理数据（如扶贫政策效果）通过区块链确权与人工智能清洗，形成标准化可交易资产，构建“数据采集—价值转化—收益反哺”的增强回路。例如，碳足迹数据经加密确权后，在去中心化交易平台形成碳信用资产，收益部分自动返还数据贡献者，激励其持续减排行为，同时反哺社区绿色基建，形成正反馈循环。这一路径的理论内核是“数据资本化”与“社会价值货币化”的辩证统一：数据通过智能合约编码为可验证的社会影响力指标（如教育公平指数），并锚定市场定价机制

(如影响力代币交易)，使模糊的社会价值转化为可量化的经济价值。这种循环机制不仅破解了传统公益的不可持续困境，更通过数据流动性激活了跨领域协同效应，如医疗数据与保险精算模型的结合，推动了普惠健康服务的精准投放。

(三) 多元主体协同的分布式治理路径

数字社会产业生态系统通过去中心化自治组织与智能合约重构治理权力结构，实现多主体协同的“算法民主化”。基于制度经济学中的可信承诺理论，去中心化自治组织治理协议将社会使命如利润再投资比例，编码为不可篡改的链上规则，同时通过二次方投票机制赋予受益者、开发者等边缘群体决策权重，消解传统科层制中的权力垄断。例如，在开源教育平台，教师、学生与投资者按贡献值参与课程设计投票，算法自动计算帕累托最优解，避免资本过度干预社会目标。这种治理模式的理论优势在于：其一，通过零知识证明技术实现隐私保护下的透明决策，构建“可验证的共识”；其二，依托复杂适应系统理论，动态调整治理规则以响应环境变化（如疫情中快速更新资源分配策略）。实证表明，采用去中心化自治组织治理的公益项目资金滥用率较传统模式明显下降，公信力显著提升。

(四) 网络效应驱动的生态扩展路径

生态系统的扩展性依赖网络效应的指数级增值能力，其理论根基是梅特卡夫定律与复杂网络理论的融合。数字平台通过 API 与开源协议吸引多元主体加入，形成“用户规模—数据质量—商业价值”的正反馈循环。例如，在开源环保平台“EcoChain”，每新增一家企业接入碳数据，既可增强监测能力（社会价值），又可吸引更多投资者购买碳信用（经济价值），形成双向增强回路。这种扩展性突破传统公益的线性增长极限：一方面，“数字原住民”志愿者的跨国协作，如全球开发者共同优化教育开源软件，通过元宇宙空间实现零边际成本复制；另一方面，数字孪生技术构建虚实融合的服务场景如农业数字孪生平台，使地方性创新快速适配全球市场。其深层机制在于，网络结构中的“超级节点”（如核心开源社区）通过技术标准（如区块链协议）成为生态演化的引力源，推动系统从“松散共生”向“价值对称互惠共生”跃迁。

（五）“制度—技术”协同演化路径

数字社会创业生态系统的持续演化，依赖于制度规则与技术能力之间的动态耦合。技术创新和制度变迁并非孤立进行，而是在不断试探、适应与调整中，逐步形成一种共生互动的机制。依据制度变迁理论，技术工具所具备的“刚性执行力”与制度设计所体现的“弹性调节力”之间的互补关系，正是推动系统持续演化的关键支点。

以智能合约与政策工具的协同设计为例，智能合约通过自动化执行规则，实现了操作透明、责任固化；而政策工具则为技术创新提供了灵活的“制度容器”，使新机制可以在一定空间内“先行试错”（Allen，2011）。在实践中，“监管沙盒”机制便成为这种制度灵活性的体现，为区块链公益项目探索新型治理模式提供了必要的缓冲地带。同时，链上治理协议能够根据政策变化自动调整合规条款，进一步打通了制度适配与技术演进的双向通道。

“制度—技术”协同逻辑，在河南省数字化治理探索中表现尤为突出。当地政府通过推动公共数据开放，为企业 AI 模型训练与应用提供了丰富的数据资源，企业则据此优化了资源配置与社会服务响应机制。政策激励与技术创新形成了双轮驱动，不仅带动了产业生态的优化，也促进了社会服务能力的整体提升。

从理论视角来看，这一过程深刻体现了吉登斯提出的“结构二重性”逻辑：制度一方面通过规范技术应用（如 GDPR 对个人数据处理的规定）设定边界，另一方面又在技术推动下不断被重塑（如 DAO 等新型组织形态对现有慈善法规提出挑战与修正动因）（Giddens，1984）。在具体路径上，“试点—迭代—扩散”的政策实验策略成为制度与技术协同演化的重要实现方式。例如，在国家大数据（河南）综合试验区，通过局部先行试点、实时反馈调整与制度微调，实现了局部演化与系统适配的动态推进，并在经验成熟后实现跨区域复制与推广。

总体而言，数字社会创业通过机制约束与结构调整的动态匹配，在“制度稳定性”与“技术适应性”之间建立起良性循环，不仅增强了生态系统的弹性韧性，也赋予其持续进化的内生动力。

参考文献

［1］阿里巴巴发布公益区块链标准，用技术让公益公开透明［EB/OL］．中国网科技，2020－09－07［2025－04－29］．https：//finance. sina. com. cn/blockchain/coin/2020－09－07/doc－iivhvpwy5298700. shtml.

［2］蔡明章，王林，吴江．区块链技术在互联网公益众筹领域的应用研究［J］．图书与情报，2020，40（2）：76－80.

［3］曹袁菲．社会资本视角下社区慈善助力社区治理的发展路径探析［J］．住宅与房地产，2023（31）：92－94.

［4］陈刚．网络公益的媒介逻辑与行动路径［J］．新闻与传播研究，2019，26（2）：45－56.

［5］陈昊杨．跨越边界：浅析新媒体时代下数字社会工作机遇捕捉与风险驾驭［J］．社会科学前沿，2024，13（7）：23－29.

［6］陈凯华，薛泽华，张超．数字化背景下的社会创新：理论框架与政策启示［J］．科学学研究，2025（4）：1－22.

［7］陈文静．浅析价值共创理论在公益营销中的应用——以支付宝“蚂蚁森林”为例［J］．交流，2021（2）：220.

［8］陈禹，陈丰．平台赋能视角下的数字公益动员机制研究［J］．社会治理，2021（6）：42－49.

［9］陈绪新，张东悦．网络慈善异化的伦理审视［J］．浙江理工大学学报，2024，52（3）：703－710.

［10］陈振明，张树全．技术与制度互构关系转换及其对公共治理的影响［J］．公共管理学报，2023，21（2）：1－13.

［11］郭敏华，林颖诗．共享书屋：促进社区公益生态的南沙实践［J］．中国社会工作，2023（8）：43－45.

［12］戢晓峰，杨春丽，郝京京，等．国内外应急物流研究热点对比与展望［J］．中国安全科学学报，2021，31（12）：144－152.

［13］贾微微，别永越．网红经济视域下的影响者营销：研究述评与展望［J］．外国经济与管理，2021，43（1）：23－43.

［14］李放，马洪旭，沈苏燕．制度嵌入、组织化与农村社区慈善的价值共创——基于山东省W村的田野调查［J］．农业经济问题，2023（8）：86－98.

［15］李健，李雨洁．慈善环境评价与慈善事业高质量发展——基于生态系统理论的分析视角［J］．北京行政学院学报，2023（6）：12－19.

［16］李晶，王珊珊．社会资本慈善捐赠的所得税激励政策探究［J］．税务研究，2020（8）：21－30.

［17］李明，张勇．数字化公益中城市居民信任逻辑研究［J］．社会科学学报，2024，51（1）：70－77.

［18］李娜，姚曦．情绪引导与情感再造：突发公共事件中公益广告情感动员机制探析［J］．青年记者，2022（22）：53－55.

［19］李攀，周兆军，孙晓叶，等．基于强化学习的应急物资动态模型配送算法优化［J］．科学技术与工程，2022，22（3）：1107－1116.

［20］李晓园，钟伟．大数据驱动中国农村精准脱贫的现实困境与路径选择［J］．求实，2019（5）：78－87＋111.

［21］李正风，王硕．数字素养、数据权利与数字伦理［J］．科普研究，2022，17（6）：8－14.

［22］李国昊，梁永滔，苏佳璐．破除数字平台企业算法黑箱治理困境：基于算法透明策略扩散研究［J］．信息资源管理学报，2023，13（2）：81－94.

［23］列柏洪．浅议乡村振兴视域下“短视频＋直播”助农的发展与对策［J］．商场现代化，2024（4）：37－39.

［24］刘婷，李明．数字化背景下的公益筹款策略研究——以腾讯公益为例［J］．公共管理学报，2021，18（2）：88－95.

［25］刘伟，何艳．数字场景与社会捐赠：社交平台中的公益传播逻辑［J］．新闻与传播研究，2022，29（6）：82－91.

[26] 刘志阳，郑若愚．AI时代的社会创新理论［J］．研究与发展管理，2024，36（2）：1－10.

[27] 刘振艳．慈善捐赠平台用户接受行为研究［J］．信息科学，2015，33（12）：63－71.

[28] 罗光强，宋新宇．数字生态赋能农业新质生产力培育的制度组态［J］．中国流通经济，2025，39（1）：115－126.

[29] 马弘伟．公益慈善组织透明度对公众捐赠行为的影响研究［J］．向导，2024（12）：56－62.

[30] 苗青．助力共同富裕的第三次分配：作用、掣肘与重点举措［J］．社会保障评论，2022，6（5）：90－101.

[31] 民政部．民政这五年 丨 写满“幸福”！多组“暖”数据托起民生“温度”［EB/OL］．央视网，2024－10－24［2025－02－25］．https：//news. cctv. com/2024/10/24/ARTIyUVl5mRVlXrYxh78rgbQ241024. shtml.

[32] 南方周末公益研究中心．2024困境中摸索前行：中国互联网募捐平台观察报告［R］．广州：南方周末公益研究中心，2024.

[33] 澎湃新闻．从“99”到“久久”，见证全民参与的力量［EB/OL］．（2024－09－09）［2024－09－09］．https：//www. thepaper. cn/newsDetail_forward_28700009.

[34] 邱泽奇．慈善组织的数字化转型：从技术赋能到组织变革［J］．公益研究，2023，15（2）：45－60.

[35] 任萍萍，赵宁．“云数智”融合驱动的知识服务价值共创模型与生态系统构建［J/OL］．情报理论与实践，1－11［2025－04－29］．

[36] 阮刚铭，魏宇方舟，官峰．慈善捐赠、社会资本与融资约束［J］．会计与经济研究，2019，33（3）：79－91.

[37] 上海交通大学中国公益发展研究院．中国大型慈善组织数字化建设研究报告（2022）［R/OL］．上海：上海交通大学，2022. https：//ipd. sjtu. edu. cn/kindeditor/Upload/file/20221231/20221231170046012976 3. pdf.

[38] 深圳市图鸥公益事业发展中心（NGO2.0），中国科学技术大学先进技术研究院新媒体研究院．中国技术公益发展报告2023——公益与技术的双向奔赴［R］．腾讯公益慈善基金会，中国互联网公益峰会，2023.

[39] 腾讯调研云.2023 年公益组织数字化洞察报告 [EB/OL]. 腾讯调研云，2023 - 06 - 14 [2025 - 04 - 29]. https://research.tencent.com/report?id = olBD.

[40] 腾讯基金会. 2023 年公益组织数字化洞察报告 [R]. 北京：腾讯基金会，2023.

[41] 腾讯公益. "AI + 慈善" 资源匹配白皮书 [EB/OL]. 腾讯公益，2022 [2025 - 04 - 29]. https://static.www.tencent.com/attachments/ssv/2022/2022%E7%A4%BE%E4%BC%9A%E5%88%9B%E6%96%B0 -%E8%85%BE%E8%AE%AF%E5%8F%AF%E6%8C%81%E7%BB%AD%E7%A4%BE%E4%BC%9A%E4%BB%B7%E5%80%BC%E5%AD%A3%E5%BA%A6%E6%8A%A5%E5%91%8A.pdf.

[42] 腾讯公益慈善基金会.2023 年 "99 公益日" 数据报告 [R]. 2023.

[43] 腾讯研究院. 区块链技术在社会公益中的应用白皮书 [R]. 2022.

[44] 王爱华. 基于互联网平台的公益跨界合作：过程、机制与风险——以腾讯 "99 公益日" 为例 [J]. 公共管理与政策评论，2019，8 (1)：68 - 77.

[45] 王达蓝，李强. 数字技术对公益募捐模式的影响与挑战 [J]. 公益研究，2024，10 (2)：45 - 58.

[46] 王一鸣，张大伟. 智能合约在公益场景中的应用及信任机制研究 [J]. 计算机应用研究，2020，37 (7)：1932 - 1936.

[47] 王艺欣，张屹舟. 建构数智时代的互联网公益新场景 [J]. 电子商务评论，2024，13 (2)：3424 - 3430.

[48] 王鑫，张蕾. Web3.0 背景下的数字公益发展路径研究 [J]. 科技管理研究，2023，43 (5)：120 - 127.

[49] 吴璇，刘俊. 移动支付背景下的中国公益新生态 [J]. 公共管理评论，2019，7 (3)：102 - 111.

[50] 周绍欣，郭永明. 数字时代慈善行为的嬗变逻辑与路径探析 [J]. 社会工作与管理，2022，22 (1)：75 - 82.

[51] 潘琳. 中国草根公益组织互联网使用与传播实证分析——基于数字鸿沟视角 [J]. 中国青年研究, 2017 (11): 36-41.

[52] Abdar M, Khosravi A, Islam S M S, Acharya U R, Vasilakos A V. The need for quantification of uncertainty in artificial intelligence for clinical data analysis: Increasing the level of trust in the decision-making process [J]. IEEE Systems, Man, and Cybernetics Magazine, 2022 (8): 28-40.

[53] Adhicandra I, Tanwir T, Asfahani A, Sitopu J W, Irawan F. Latest innovations in Internet of Things (IoT): Digital transformation across industries [J]. Innovative: Journal of Social Science Research, 2024, 4 (3): 1027-1037.

[54] Ahmed S, Abdullahi A M. Leadership and project success in development sector [J]. Journal of Economics and Management, 2017, 30: 5-19.

[55] Akindote O J, Adegbite A O, Dawodu S O, Omotosho A, Anyanwu A. Innovation in data storage technologies: From cloud computing to edge computing [J]. Computer Science & IT Research Journal, 2023, 4 (3): 273-299.

[56] Albrecht J P. How the GDPR will change the world [J]. European Data Protection Law Review, 2016, 2 (3): 287-295.

[57] Aldin H N S, Ghods M R, Nayebipour F, Torshiz M N. A comprehensive review of energy harvesting and routing strategies for IoT sensors sustainability and communication technology [J]. Sensors International, 2024 (5): 100258.

[58] Alemami Y, Al-Ghonmein A M, Al-Moghrabi K G, et al. Cloud data security and various cryptographic algorithms [J]. International Journal of Electrical and Computer Engineering, 2023, 13 (2): 1867.

[59] Alessandro M, Giovanni B. Digital social capital in local government governance: Evidence from Italy [J]. Journal of Public Administration Research and Theory, 2021, 31 (2): 315-332.

[60] Alkamoua Z. The Impact of Artificial Intelligence on Donor Engagement for Nonprofit Organizations [D]. Amsterdam: Vrije Universiteit Amsterdam, 2023.

[61] Allen D W. The institutional revolution: A new understanding of the modern world [M]. Chicago: University of Chicago Press, 2011.

[62] ALS Association. ALS Ice Bucket Challenge FAQ [EB/OL]. 2014 [2025 - 05 - 29]. Available at: https: //www. als. org/stories - news/faq - about - ice - bucket - challenge.

[63] Anderson P W. Complexity theory and organization science [J]. Organization Science, 1999, 10 (3): 216 - 232.

[64] Andras I, Mazzone E, van Leeuwen F W, De Naeyer G, van Oosterom M N, Beato S, Buckle T, O'Sullivan S, van Leeuwen P J, Beulens A. Artificial intelligence and robotics: A combination that is changing the operating room [J]. World Journal of Urology, 2020, 38: 2359 - 2366.

[65] Andreoni J, Rao J M. The power of asking: How communication affects selfishness, empathy, and altruism [J]. Journal of Public Economics, 2011, 95 (7 - 8): 513 - 520.

[66] Ansell C, Gash A. Collaborative platforms as a governance strategy [J]. Journal of Public Administration Research and Theory, 2018, 28 (1): 16 - 32.

[67] Apostolidis C, Shams R, Gregory - Smith D, Vrontis D, Bian X, Belyaeva Z, Papagiannidis S. Technology as a catalyst for sustainable social business: Advancing the research agenda [J]. Technological Forecasting and Social Change, 2022, 183: 121946.

[68] Arinez J F, Chang Q, Gao R X, Xu C, Zhang J. Artificial intelligence in advanced manufacturing: Current status and future outlook [J]. Journal of Manufacturing Science and Engineering, 2020, 142 (11): 110804.

[69] Arnstein S R. A ladder of citizen participation [J]. Journal of the American Institute of Planners, 1969, 35 (4): 216 - 224.

[70] Arrillaga - Andreesen L. Disruption for good [J]. Stanford Social Innovation Review, 2015, 13 (2): 34 - 39.

[71] Arshad R, Asyiqin W A, Razali W M, Bakar N A. Catch the "warning signals": The fight against fraud and abuse in non - profit organisations

[J]. Procedia Economics and Finance, 2015, 28: 114 - 120.

[72] Arthur W B. Competing technologies, increasing returns, and lock - in by historical events [J]. The Economic Journal, 1989, 99 (394): 116 - 131.

[73] Ashton K. That "internet of things" thing [J]. RFID Journal, 2009, 22 (7): 97 - 114.

[74] Austin J E, Seitanidi M M. Collaborative value creation: A review of partnering between nonprofits and businesses [J]. Nonprofit and Voluntary Sector Quarterly, 2019, 48 (2_ suppl): 76S - 106S.

[75] Avdoshin S, Pesotskaya E. Blockchain in charity: Platform for tracking donations [C] //Arai K, Kapoor S, Bhatia R, eds. Proceedings of the Future Technologies Conference (FTC) 2020, Volume 2. Cham: Springer International Publishing, 2021: 689 - 701.

[76] Bakhtiari S, Safavi - Naini R, Pieprzyk J. Cryptographic Hash Functions: A Survey [R]. Technical Report 95 - 09, Department of Computer Science, University of Wollongong, July 1995. Available at: https: //citeseerx. ist. psu. edu/document?doi = 07748b0e0a9c601169929a427a327a19ba478101&repid = rep1&type = pdf [Accessed 30 May 2025].

[77] Balboni P, Bella G, Capparelli F, Barata M T. Privacy - enhancing technologies [M] //Vacca J R, ed. Computer and Information Security Handbook. 4th ed. San Francisco: Morgan Kaufmann, 2025: 891 - 905.

[78] Balcik B, Beamon B M. Last mile distribution in humanitarian relief [J]. Journal of Business Logistics, 2008, 29 (2): 223 - 242.

[79] Barley S R. Technology as an occasion for structuring: Evidence from observations of CT scanners and the social order of radiology departments [J]. Administrative Science Quarterly, 1986, 31 (1): 78 - 108.

[80] Barringer B R, Harrison J S. Walking a tightrope: Creating value through interorganizational relationships [J]. Journal of Management, 2000, 26 (3): 367 - 403.

[81] Bar - Yam Y. Dynamics of complex systems [M]. Boca Raton: CRC

Press, 2019.

[82] Basel Institute of Commons and Economics. World Social Capital Monitor: Methodology and Practice [R]. Basel: Basel Institute of Commons and Economics,2017. Available at: https: //commons. ch/wp - content/uploads/World_Social_Capital_Monitor_Methodology. pdf [Accessed 30 May 2025].

[83] Bataoui S, Boch E. The role of socially rich photos in generating favorable donation behavior on charity websites [J]. Journal of Retailing and Consumer Services, 2023, 74: 103429.

[84] Batra M, Keller H. Managing digital transformation for social good: The case of the Felix Project [J]. Journal of Information Technology & Management, 2016, 27 (2): 127 - 140.

[85] Beauvisage B, Mellet P. The value cycle model of data assetization in social enterprises: From data production to reinvestment [J]. Journal of Digital Economy and Innovation, 2020, 12 (5): 412 - 425.

[86] Benet J. IPFS - Content addressed, versioned, P2P file system [EB/OL]. arXiv preprint, 2014. arXiv: 1407. 3561. Available at: https: //arxiv. org/abs/1407. 3561.

[87] Bernholz L. Philanthropy and Digital Civil Society: Blueprint 2022 [R]. Stanford, CA: Stanford PACS, 2021. Available at: https: //pacscenter. stanford. edu/publication/philanthropy - and - digital - civil - society - blueprint - 2022/ [Accessed 30 May 2025].

[88] Bernholz L. Philanthropy and Digital Civil Society: Blueprint 2024 [R]. Stanford, CA: Stanford PACS, 2023. Available at: https: //pacscenter. stanford. edu/publication/blueprint - 2024/ [Accessed 30 May 2025].

[89] Bhandari E, Mohr Boleware A, Martinez O N. Systems - change philanthropy: It's essential, and it's our responsibility [J]. The Foundation Review,2023, 15 (2): Article 5.

[90] Bhat U. Distributed consensus in blockchain: Mechanisms, challenges, and future directions [EB/OL]. SSRN, 2024. Available at: https: //papers. ssrn. com/sol3/papers. cfm?abstract_id = 4710827.

[91] Bi Z, Jin Y, Maropoulos P, Zhang W J, Wang L. Internet of Things (IoT) and big data analytics (BDA) for digital manufacturing (DM) [J]. International Journal of Production Research, 2023, 61 (12): 4004 -4021.

[92] Bingaman A, Hamilton A, Houpt B, Olivero R, Fair C. Nothing is ever going to change if we don't start advocating for our child. : Community - level disclosure and stigma management strategies among parents of internationally adopted children living with PHIV [J]. Frontiers in Public Health, 2023 (11): 1091335.

[93] Binns R. Fairness in machine learning: Lessons from political philosophy [C] //Proceedings of the Conference on Fairness, Accountability and Transparency. PMLR, 2018: 149 - 159.

[94] BitGive Foundation. Form 990 Return of Organization Exempt from Income Tax [R]. Fiscal Year Ending June 2021. Available at: https: //projects. propublica. org/nonprofits/organizations/463362563/202110539349100311/full [Accessed 30 May 2025] .

[95] Blumenstock J E, Cadamuro G, On R. Predicting poverty and wealth from mobile phone metadata [J]. Science, 2015, 350 (6264): 1073 -1076.

[96] Bostrom N, Yudkowsky E. The ethics of artificial intelligence [M] //Yampolskiy R V, ed. Artificial Intelligence Safety and Security. Boca Raton: Chapman and Hall/CRC, 2018: 57 -69.

[97] Boulianne S. Social media use and participation: A meta - analysis of current research [J]. Information, Communication & Society, 2015, 22 (7): 953 -974.

[98] Boulianne S. Twenty years of digital media effects on civic and political participation [J]. Communication Research, 2020, 47 (7): 947 -966.

[99] Bourdieu P. The forms of capital [M] //Richardson J G, ed. Handbook of Theory and Research for the Sociology of Education. New York: Greenwood Press, 1986: 241 -258.

[100] Breeze B. How donors choose charities: The role of personal taste and experiences in giving decisions [J]. Voluntary Sector Review, 2013, 4 (2):

165 - 183.

[101] Bria F, Mazzucato M. Data as public infrastructure: The concept of the "data commons" [J]. Journal of Innovation and Entrepreneurship, 2019, 8 (1): 15.

[102] Brink H, Packmohr S, Vogelsang K. Fields of action to advance the digital transformation of NPOs: Development of a framework [C] //International Conference on Business Informatics Research. Springer, 2020: 82 - 97.

[103] Briscoe G, De Wilde P. Digital ecosystems: Evolving service - orientated architectures [C] //Proceedings of the 1st International Conference on Bio - Inspired Models of Network, Information and Computing Systems. 2010: 17 - 24.

[104] Brown S, Green P. Enhancing public participation in digital philanthropy through social media [J]. Nonprofit and Voluntary Sector Quarterly, 2020, 49 (4): 789 - 805.

[105] Brown T B, Mann B, Ryder N, Subbiah M, Kaplan J, Dhariwal P, et al. Language models are few - shot learners [C] //Advances in Neural Information Processing Systems (NeurIPS), 2020, 33: 1877 - 1901.

[106] Brynjolfsson E, McAfee A. The second machine age: Work, progress, and prosperity in a time of brilliant technologies [M]. New York: W. W. Norton & Company, 2014.

[107] Buterin V. A next - generation smart contract and decentralized application platform [EB/OL]. Ethereum Foundation, 2014 [2025 - 05 - 29]. Available at: https: //ethereum. org/en/whitepaper/.

[108] Camporeale E. The challenge of machine learning in space weather: Nowcasting and forecasting [J]. Space Weather, 2019, 17 (8): 1166 - 1207.

[109] Cangir O F, Çankur O, Özsoy A. A taxonomy for blockchain - based distributed storage technologies [J]. Information Processing & Management, 2021, 58 (5): 102627.

[110] Cao C, Chou M C, Zhang F, Leng W, He Y. Leveraging digital twin to enhance humanitarian logistics operations [J]. Flexible Services and Manufacturing Journal, 2024: 1 - 33.

[111] Catalini C, Gans J S. Some simple economics of the blockchain [J]. Communications of the ACM, 2020, 63 (7): 80 –90.

[112] Chan J O. Digital transformation in the era of big data and cloud computing [J]. International Journal of Intelligent Information Systems, 2020, 9 (3): 16 –23.

[113] Chandna P, Salunke S. Digital social entrepreneurship: A typology for leveraging dual value creation using digital platforms [J]. Technological Forecasting and Social Change, 2022, 174: 121276.

[114] Chang C T, Lee Y K. Effects of message framing, vividness congruency and statistical framing on responses to charity advertising [J]. International Journal of Advertising, 2010, 29 (2): 195 –220.

[115] Chen H, Li W, Lyu T, Zheng X. Understanding people's participation in online charities: A dual – process approach of trust and empathic concern [J]. Industrial Management & Data Systems, 2021, 121 (7): 1642 –1663.

[116] Chen L, Li X, Yang S. The impact of user experience on donation behavior: An empirical study of online charity platforms [J]. Computers in Human Behavior, 2020, 104: 106158.

[117] Chen X, Hu K. Exploration on the transformation path of digital governance under the background of Web 3.0 [J]. Journal of Information, 2023, 42 (2): 14 –20.

[118] Chen Y, Wu P, Zhou Z, Ma T. Internet Philanthropy in China [M]. Singapore: Palgrave Macmillan, 2021.

[119] Cheng H, Kodono Y. The motivation behind participation in virtual CSR co – creation by Chinese post –90s: A case study of Ant Forest [J]. Journal of Advanced Computational Intelligence and Intelligent Informatics, 2022, 26 (4): 549 –554.

[120] Cheng X, Qiao L, Yang B, Li Z. An investigation on the influencing factors of elderly people's intention to use financial AI customer service [J]. Internet Research, 2024, 34 (3): 690 –717.

[121] Chowdhery A, Narang S, Devlin J, Bosma M, Mishra G, Chung

H W, Sutton C, Gehrmann S, Schuh P, et al. Emergent abilities of large language models [EB/OL]. arXiv, 2022. Available at: https://arxiv.org/abs/2206.07682.

[122] Chu H, Zhang P, Dong H, Xiao Y, Ji S, Li W. A survey on smart contract vulnerabilities: Data sources, detection and repair [J]. Information and Software Technology, 2023, 159: 107221.

[123] Ciarli T, Kenney M, Massini S, Piscitello L. Digital technologies, innovation, and skills: Emerging trajectories and challenges [J]. Research Policy, 2021, 50 (7): 104289.

[124] Cipriano M, Za S. Non-profit organisations in the digital age: A research agenda for supporting the development of a digital transformation strategy [J]. Journal of Information Technology, 2024, 39 (4): 732-755.

[125] Coin Metrics. State of the Network: Q2 2023 Wrap-Up [R]. Coin Metrics, July 6, 2023. Available at: https://coinmetrics.io/insights/state-of-the-network-q2-2023-wrap-up/ [Accessed 30 May 2025].

[126] Coleman J S. Social capital in the creation of human capital [J]. American Journal of Sociology, 1988, 94 (Suppl): S95-S120.

[127] Cordery C J, Goncharenko G, Polzer T, McConville D, Belal A. NGOs' performance, governance, and accountability in the era of digital transformation [J]. The British Accounting Review, 2023, 55 (5): 101239.

[128] Crawford K, Calo R. There is a blind spot in AI research [J]. Nature, 2016, 538 (7625): 311-313.

[129] Davis F D. User acceptance of information systems: The technology acceptance model (TAM) [D]. PhD Dissertation. Boston: Sloan School of Management, MIT, 1987.

[130] Davis F D, Bagozzi R P, Warshaw P R. User acceptance of computer technology: A comparison of two theoretical models [J]. Management Science, 1989, 35 (8): 982-1003.

[131] Decety J, Lamm C. Human empathy through the lens of social neuroscience [J]. The Scientific World Journal, 2006, 6: 1146-1163.

[132] Deng L, Yu D. Deep learning: Methods and applications [J]. Foundations and Trends in Signal Processing, 2014, 7 (3-4): 197-387.

[133] Devine A, Jabbar A, Kimmitt J, Apostolidis C. Conceptualising a social business blockchain: The coexistence of social and economic logics [J]. Technological Forecasting and Social Change, 2021, 172: 120997.

[134] Devlin J, Chang M W, Lee K, Toutanova K. BERT: Pre-training of deep bidirectional transformers for language understanding [C] //Proceedings of the 2019 Conference of the North American Chapter of the Association for Computational Linguistics: Human Language Technologies, Volume 1 (Long and Short Papers). Minneapolis: Association for Computational Linguistics, 2019: 4171-4186.

[135] Dhami S, Sunstein C R. Bounded rationality: Heuristics, judgment, and public policy [M]. Cambridge, MA: MIT Press, 2022.

[136] Diffie W, Hellman M E. New directions in cryptography [J]. IEEE Transactions on Information Theory, 1976, 22 (6): 644-654.

[137] Doná G, Nanton R, Cestaro C. Ensuring an equitable digital society: Challenges of digital transformation in the charity sector [C]. Proceedings of the Competitive Advantage in the Digital Economy (CADE 2022). London: Institution of Engineering and Technology, 2022: 82-87.

[138] Drees J M, Heugens P P M A R. Synthesizing and extending resource dependence theory: A meta-analysis [J]. Journal of Management, 2013, 39 (6): 1666-1698.

[139] Edelmann N, Albrecht V. Designing public participation in the digital age: Lessons learned from using the policy cycle in an Austrian case study [C] //Proceedings of the 24th Annual International Conference on Digital Government Research, 2023: 300-308.

[140] Electric Capital. 2023 Developer Report [R/OL]. 2024-01-17 [2025-06-02]. Available at: https://www.developerreport.com/reports/devs/2023.

[141] Elia G, Margherita A, Passiante G. Digital entrepreneurship eco-

system: How digital technologies and collective intelligence are reshaping the entrepreneurial process [J]. Technological Forecasting and Social Change, 2020, 150: 119791.

[142] Ellison N B, Steinfield C, Lampe C. The benefits of Facebook "friends": Social capital and college students' use of online social network sites [J]. Journal of Computer - Mediated Communication, 2007, 12 (4): 1143 - 1168.

[143] Emerson R M. Power - Dependence Relations [J]. American Sociological Review, 1962, 27 (1): 31 - 41.

[144] Erlandsson A, Nilsson A, Västfjäll D. Attitudes and donation behavior when reading positive and negative charity appeals [J]. Journal of Nonprofit & Public Sector Marketing, 2018, 30 (4): 444 - 474.

[145] Eubanks V. Automating inequality: How high - tech tools profile, police, and punish the poor [M]. New York: St. Martin's Press, 2018.

[146] Fahle S, Prinz C, Kuhlenkötter B. Systematic review on machine learning (ML) methods for manufacturing processes - Identifying artificial intelligence (AI) methods for field application [J]. Procedia CIRP, 2020, 93: 413 - 418.

[147] Fan R, Zhao J, Chen Y, Xu K. Anger is more influential than joy: Sentiment correlation in Weibo [J]. PLOS ONE, 2014, 9 (10): e110184.

[148] Fatah A A, Andriani N, Nur Hidayat G. Unleashing the philanthropy funds potential for a sustainable tomorrow: A comprehensive overview [J]. Journal of Infrastructure Policy and Management, 2023, 6 (2): 89 - 102.

[149] Ferrara A. Trust, ability - to - pay, and charitable giving [J]. Journal of Public Economics, 2020, 193: 104312.

[150] Fischer C S. America calling: A social history of the telephone to 1940 [M]. Berkeley: University of California Press, 1992.

[151] Floridi L. The ethics of information [M]. Oxford: Oxford University Press, 2013.

[152] Foucault M. Power/knowledge: Selected interviews and other writings 1972 - 1977 [M]. New York: Pantheon Books, 1980.

[153] Froelich K A. Diversification of revenue strategies: Evolving resource dependence in nonprofit organizations [J]. Nonprofit and Voluntary Sector Quarterly, 1999, 28 (3): 246 -268.

[154] Frumkin P, Galaskiewicz J. Institutional pressure and nonprofit strategy [J]. Journal of Policy Analysis and Management, 2021, 40 (4): 1129 -1154.

[155] Gautam A, Chatterjee I. Big data and cloud computing: A critical review [J]. International Journal of Operations Research and Information Systems (IJORIS), 2020, 11 (3): 19 -38.

[156] Gazley B, Guo C. What do nonprofits stand for? Renewing the nonprofit value commitment [J]. Nonprofit and Voluntary Sector Quarterly, 2020, 49 (6): 1235 -1255.

[157] Giannelos K, Wiarda M, Doorn N. Challenges to ethical public engagement in research funding: a perspective from practice [J]. Open Research Europe, 2024, 4: 179.

[158] Giddens A. The constitution of society: Outline of the theory of structuration [M]. Berkeley: University of California Press, 1984.

[159] Gillespie T. The relevance of algorithms [M] //Gillespie T, Boczkowski P J, Foot K A, eds. Media Technologies: Essays on Communication, Materiality and Society. Cambridge, MA: MIT Press, 2014: 167 -194.

[160] Goecks J, Voida A, Voida S, et al. Charitable technologies: Opportunities for collaborative computing in nonprofit fundraising [C] //Proceedings of the 2008 ACM conference on Computer supported cooperative work. 2008: 689 -698.

[161] Gong Y, Yang J, Shi X. Towards a comprehensive understanding of digital transformation in government: Analysis of flexibility and enterprise architecture [J]. Government Information Quarterly, 2020, 37 (3): 101487.

[162] Govindarajan V, Rajgopal S, Srivastava A. Building sustainable digital public good ecosystems: Challenges and strategies [J]. Journal of Public Administration Research and Theory, 2023, 33 (1): 58 -77.

[163] Gregori G, Holzmann A. Digital social entrepreneurship: A systems – based approach to understanding value creation [J]. International Journal of Social Economics, 2020, 47 (7): 921 – 935.

[164] Godefroid M E, Plattfaut R, Niehaves B. Identifying key barriers to nonprofit organizations' adoption of technology innovations [J]. Nonprofit Management and Leadership, 2024, 35 (1): 237 – 259.

[165] Goh M, Ang K. Cross – cultural differences in social media usage: The role of cultural embeddedness in technology socialization [J]. International Journal of Human – Computer Interaction, 2020, 36 (6): 575 – 586.

[166] Goodfellow I, Pouget – Abadie J, Mirza M, Xu B, Warde – Farley D, Ozair S, Courville A, Bengio Y. Generative adversarial nets [C] // Ghahramani Z, Welling M, Cortes C, Lawrence N D, Weinberger K Q, eds. Advances in Neural Information Processing Systems, Vol. 27. Curran Associates, Inc., 2014: 2672 – 2680.

[167] Gooyabadi A A, Gorjian Khanzad Z, Lee N. Anchoring digital transformation: The triad of culture, ethics, and security [M] //Gooyabadi A A, ed. Nonprofit Digital Transformation Demystified: A Practical Guide. Cham: Springer Nature Switzerland, 2023: 153 – 174.

[168] Indiana University Lilly Family School of Philanthropy. 2022 Global Philanthropy Environment Index [EB/OL]. (2022) [2025 – 05 – 30]. Available at: https: //globalindices. indianapolis. iu. edu/environment – index/index. html.

[169] Guan S, Zhang C, Wang Y, Liu W. Hadoop – based secure storage solution for big data in cloud computing environment [J]. Digital Communications and Networks, 2024, 10 (1): 227 – 236.

[170] Gubbi J, Buyya R, Marusic S, Palaniswami M. Internet of Things (IoT): A vision, architectural elements, and future directions [J]. Future Generation Computer Systems, 2013, 29 (7): 1645 – 1660.

[171] Gumbs A A, Frigerio I, Spolverato G, Croner R, Illanes A, Chouillard E, Elyan E. Artificial intelligence surgery: How do we get to autono-

mous actions in surgery? [J]. Sensors, 2021, 21 (16): 5526.

[172] Guo C, Saxton G D. Speaking and being heard: How nonprofit advocacy organizations gain attention on social media [J]. Nonprofit and Voluntary Sector Quarterly, 2018, 47 (1): 5 –26.

[173] Haken H. Synergetics: An Introduction (3rd ed.) [M]. Berlin: Springer – Verlag, 1983.

[174] Haken H. Can Synergetics be of use to management theory? [M] //Brunner E, Meynhardt T, eds. Selbstorganisation Managen: Beiträge zur Synergetik der Organisation. Münster; New York; Munich; Berlin: Waxmann, 2006: 19 –30.

[175] Han L, Lee C, Song Q. From crowdfunding to crowd mobilization: The impact of digital philanthropy on grassroots organizations and local politics in China [J]. The China Quarterly, 2023, 261: 1 –19.

[176] Haseeb A, Bano I, Moiz M, Nasim A, Siddiqui R. A novel crowdfunding and charity platform powered by blockchain technology [C] //Proceedings of the 2024 International Conference on Engineering & Computing Technologies (ICECT). IEEE, 2024: 01 –06.

[177] Hay I, Muller S. Questioning generosity in the golden age of philanthropy: Towards critical geographies of super – philanthropy [J]. Progress in Human Geography, 2014, 38 (5): 635 –653.

[178] He Y, Zou F. A study of the drivers of non – commercial behavior donations to the internet for good based on the perspective of value co – creation [C] //Proceedings of the 2023 IEEE International Conference on Engineering, Technology and Innovation (ICE2023). IEEE, 2023: 367.

[179] Herrera F, Bailenson J, Weisz E, Ogle E, Zaki J. Building long – term empathy: A large – scale comparison of traditional and virtual reality perspective – taking [J]. PLOS ONE, 2018, 13 (10): e0204494.

[180] Herro A, Obeng – Odoom F. Questioning generosity in the golden age of philanthropy: Towards critical geographies of super – philanthropy [J]. Progress in Human Geography, 2014, 38 (5): 635 –653.

[181] Hill M. Altruism under attack: why cybersecurity has become essential to humanitarian nonprofits [EB/OL]. CSO Online, 2022-10-18 [2025-05-29]. Available at: https://www.csoonline.com/article/573897/altruism-under-attack-why-cybersecurity-has-become-essential-to-humanitarian-nonprofits.html.

[182] Hillebrand K, Hornuf L, Müller B, Vrankar D. The social dilemma of big data: Donating personal data to promote social welfare [J]. Information and Organization, 2023, 33 (1): 100452.

[183] Hillman A J, Withers M C, Collins B J. Resource dependence theory: Past and future [J]. Journal of Management, 2018, 44 (1): 166-191.

[184] Hillman A J, Keim G D, Schuler D. Corporate political activity: A review and research agenda [J]. Journal of Management, 2004, 30 (6): 837-857.

[185] Hobbs J. Nudging Charitable Giving: The ethics of Nudge in international poverty reduction [J]. Ethics & Global Politics, 2017, 10 (1): 37-57.

[186] Hou Y, Wang N, Mei G, Xu W, Shao W, Liu Y. Educational resource sharing platform based on blockchain network [C] //Proceedings of the 2019 Chinese Automation Congress (CAC). IEEE, 2019: 5491-5494.

[187] Howard J. Artificial intelligence: Implications for the future of work [J]. American Journal of Industrial Medicine, 2019, 62 (11): 917-926.

[188] Howaldt J, Schwarz M. Social innovation and its relationship to social change [J]. Verifying existing Social Theories in reference to Social Innovation and its Relationship to Social Change (D1. 3), 2016.

[189] Huda N U, Ahmed I, Adnan M, Ali M, Naeem F. Experts and intelligent systems for smart homes' transformation to sustainable smart cities: A comprehensive review [J]. Expert Systems with Applications, 2024, 238: 122380.

[190] International Committee of the Red Cross (ICRC). Annual report 2020 [M]. Geneva: ICRC, 2020.

[191] Irvin R A, Stansbury J. Citizen participation in decision making: Is it worth the effort? [J]. Public Administration Review, 2004, 64 (1): 55-65.

[192] Islam R, Patamsetti V, Gadhi A, et al. The future of cloud computing: Benefits and challenges [J]. International Journal of Communications, Network and System Sciences, 2023, 16 (4): 53 -65.

[193] Ji J, Cai Z, Zhang Y, et al. Governance strategies for the sustainability of blockchain - based social innovation platforms: A configurational perspective [J]. Government Information Quarterly, 2023, 40 (1): 101774.

[194] Jiang X, Satapathy S C, Yang L, Wang S - H, Zhang Y - D. A survey on artificial intelligence in Chinese sign language recognition [J]. Arabian Journal for Science and Engineering, 2020, 45 (12): 9859 -9894.

[195] Johnson M M. Managing nonprofit organization cyber risk resilience: A qualitative exploratory single case study [D]. Phoenix: University of Phoenix, 2023.

[196] Jong C L K, Ganzaroli A. Managing digital transformation for social good in non - profit organizations: The case of the Felix Project zeroing hunger in London [J]. VOLUNTAS: International Journal of Voluntary and Nonprofit Organizations, 2023: 1 -11.

[197] Josphineleela R, Kaliappan S, Natrayan L, Nirmalkumar A. Big data security through privacy - preserving data mining (PPDM): A decentralization approach [C] //Proceedings of the 2023 Second International Conference on Electronics and Renewable Systems (ICEARS). IEEE, 2023: 718 -721.

[198] Kang E, Min J, Ye J C. Wavenet: A deep convolutional neural network using directional wavelets for low - dose X - ray CT reconstruction [EB/OL]. arXiv preprint, 2016 [2025 -05 -29]. Available at: https: //arxiv.org/abs/1610. 09736.

[199] Kapucu N, Hu Q. Understanding multiplexity of collaborative emergency management networks [J]. Public Administration Review, 2020, 80 (4): 610 -624.

[200] Kauffman S A. The origins of order: Self - organization and selection in evolution [M]. Oxford: Oxford University Press, 1993.

[201] Kavanaugh A L, Carroll J M, Rosson M B, Zin T T, Reese D D.

Social media use and community participation: The role of weak ties and social capital [J]. Journal of Computer – Mediated Communication, 2017, 22 (5): 286 – 302.

[202] Kratzwald B, Ilic S, Kraus M, Feuerriegel S. Deep learning for affective computing: Text – based emotion recognition in decision support [EB/OL]. arXiv preprint, 2018 [2025 – 05 – 29]. Available at: https: //arxiv. org/abs/1803. 06397.

[203] Kretschmer, T., Leiponen, A., Schilling, M., & Vasudeva, G. (2020). Platform ecosystems as meta – organizations: Implications for platform strategies [J]. Strategic Management Journal, 43 (3): 405 – 424.

[204] Khosravi P, Vergari A, Choi Y, Liang Y, Van den Broeck G. Handling missing data in decision trees: A probabilistic approach [EB/OL]. arXiv preprint, 2020 [2025 – 05 – 29]. Available at: https: //arxiv. org/abs/2006. 16341.

[205] Kim J, Lee J. The role of trust in digital philanthropy: A study of online donation behavior [J]. Journal of Interactive Marketing, 2022, 56: 123 – 135.

[206] Kim M. The relationship of nonprofits' financial health to program outcomes: Empirical evidence from nonprofit arts organizations [J]. Nonprofit and Voluntary Sector Quarterly, 2017, 46 (3): 525 – 548.

[207] Kim S, Choi S, Kwon O. Emotional responses and online charitable giving: The role of perceived usefulness and perceived ease of use [J]. Journal of Business Research, 2022, 128: 305 – 313.

[208] Kleinberg J, Lakkaraju H, Leskovec J, Ludwig J, Mullainathan S. Human decisions and machine predictions [J]. The Quarterly Journal of Economics, 2018, 133 (1): 237 – 293.

[209] Kommisetty P, Nishanth A. AI – driven enhancements in cloud computing: Exploring the synergies of machine learning and generative AI [C] //Proceedings of the 2024 International Conference on Intelligent Computing and Emerging Communication Technologies (ICEC). IEEE, 2024: 1 – 6.

[210] Kong L, Tan J, Huang J, Chen G, Wang S, Jin X, et al. Edge - computing - driven internet of things: A survey [J]. ACM Computing Surveys, 2022, 55 (8): 1 -41.

[211] Kong X, Wu Y, Wang H, Xia F. Edge computing for internet of everything: A survey [J]. IEEE Internet of Things Journal, 2022, 9 (23): 23472 -23485.

[212] Kosba A, Miller A, Shi E, Wen Z, Papamanthou C. Hawk: The blockchain model of cryptography and privacy - preserving smart contracts [C] //Proceedings of the 2016 IEEE Symposium on Security and Privacy (SP). IEEE, 2016: 839 -858.

[213] Krizhevsky A, Sutskever I, Hinton G E. Imagenet classification with deep convolutional neural networks [C] //Proceedings of the 25th International Conference on Neural Information Processing Systems (NIPS'12). Curran Associates, Inc., 2012: 1097 -1105.

[214] Lang B. Digital philanthropy in China: How internet fundraising platforms and artificial intelligence are transforming non - profit governance [M] //Ugazio G, Maricic M. (eds.). The Routledge Handbook of Artificial Intelligence and Philanthropy. London: Routledge, 2024: 221 -239.

[215] Lähteenmäki J, Töyli J. Platform based Innovation Ecosystems: Value Network Configuration Perspective [J]. Journal of Innovation Management, 2023, 11 (1): 68 -97.

[216] Lee Y, Hung C K. Self - organizing governance in community - based sustainability initiatives [J]. Ecology and Society, 2021, 26 (3): 12.

[217] Li C, Li X, Wang J, Pan M, Gao W. Signaling effect in social network and charity crowdfunding: Empirical analysis of charity crowdfunding of Sina MicroBlog in China [J]. Frontiers in Psychology, 2022, 13: 944043.

[218] Li W, Badr Y, Biennier F. Digital ecosystems: Challenges and prospects [C] //Proceedings of the International Conference on Management of Emergent Digital EcoSystems. ACM, 2012: 117 -122.

[219] Lin N. Social capital: A theory of social structure and action [M].

Cambridge: Cambridge University Press, 2001.

[220] Lindström C. Cybersecurity experiences and practices in charities [EB/OL]. Stockholm University, Department of Computer and Systems Sciences, 2022 [2025-06-03]. Available at: https://www.diva-portal.org/smash/record.jsf?pid=diva2:1784358.

[221] Liu S, Chen Z, Wu Y. Social media and technology socialization: How users learn and adapt to new technologies [J]. Computers in Human Behavior, 2019, 97: 55-63.

[222] Liu Y, He J, Li X, Chen J, Liu X, Peng S, et al. An overview of blockchain smart contract execution mechanism [J]. Journal of Industrial Information Integration, 2024, 41: 100674.

[223] Liu Y, Kohlberger T, Norouzi M, Dahl G E, Smith J L, Mohtashamian A, et al. Artificial intelligence-based breast cancer nodal metastasis detection: Insights into the black box for pathologists [J]. Archives of Pathology & Laboratory Medicine, 2019, 143 (7): 859-868.

[224] Lorenz E N. Deterministic nonperiodic flow [J]. Journal of the Atmospheric Sciences, 1963, 20 (2): 130-141.

[225] Lu J, Zhao L, Wang B. A model of online donation behavior: The role of perceived usefulness and perceived ease of use [J]. International Journal of Information Management, 2020, 51: 102052.

[226] Mair J, Marti I. Social entrepreneurship: A source of business innovation and social value creation [J]. Journal of Business Ethics, 2006, 15 (1): 39-49.

[227] Mansour M, Gamal A, Ahmed A I, Said L A, Elbaz A, Herencsar N, et al. Internet of things: A comprehensive overview on protocols, architectures, technologies, simulation tools, and future directions [J]. Energies, 2023, 16 (8): 3465.

[228] May R M. Simple mathematical models with very complicated dynamics [J]. Nature, 1976, 261 (5560): 459-467.

[229] Mayer R C, Davis J H, Schoorman F D. An integrative model of

organizational trust [J]. Academy of Management Review, 1995, 20 (3): 709 -734.

[230] McKinsey & Company. Digital twins: The next frontier of factory optimization [EB/OL]. 2024 [2025 -06 -03]. Available at: https: //www. mckinsey. com/capabilities/operations/our - insights/digital - twins - the - next - frontier - of - factory - optimization.

[231] McKnight D H, Chervany N L. What trust means in e - commerce customer relationships: An interdisciplinary conceptual typology [J]. International Journal of Electronic Commerce, 2001, 6 (2): 35 -59.

[232] McNutt J, Guo C, Goldkind L, An S. Technology in nonprofit organizations and voluntary action [J]. Voluntaristics Review, 2018, 3 (1): 1 -63.

[233] Meske C, Amojo I, Mohr P. Digital Nudging to Increase Usage of Charity Features on E - Commerce Platforms [C] //Wirtschaftsinformatik (Zentrale Tracks). 2020: 1203 -1218.

[234] Minar M R, Naher J. Recent advances in deep learning: An overview [J/OL]. arXiv preprint, arXiv: 1807. 08169, 2018. [Online]. Available: https: //arxiv. org/abs/1807. 08169.

[235] Miyakozawa A. The future of philanthropy: Technology integration for the public good [D]. Doctoral Dissertation, 2024.

[236] Mollick E. The dynamics of crowdfunding: An exploratory study [J]. Journal of Business Venturing, 2014, 29 (1): 1 -16.

[237] Morgan M, Deedat S, Kenten C. "Nudging" registration as an organ donor: Implications of changes in choice contexts for socio - cultural groups [J]. Current Sociology, 2015, 63 (5): 714 -728.

[238] Moulaert F, Martinelli F, Swyngedouw E, Gonzalez S. Towards alternative model (s) of local innovation [J]. Urban Studies, 2005, 42 (11): 1969 -1990.

[239] Mulgan G. Social innovation: What it is, why it matters and how it can be accelerated [R]. London: The Young Foundation, 2007. Available at:

https：//youngfoundation. org/wp - content/uploads/2012/10/Social - Innovation - what - it - is - why - it - matters - how - it - can - be - accelerated - March - 2007. pdf.

[240] Murray R, Caulier - Grice J, Mulgan G. The open book of social innovation [M]. London: Nesta, 2010.

[241] Mumford M D. Social innovation: ten cases from Benjamin Franklin [J]. Creativity Research Journal, 2002, 14 (2): 253 - 266.

[242] Nahrkhalaji S S, Shafiee S, Shafiee M, Hvam L. Challenges of digital transformation: The case of the non - profit sector [C] //Proceedings of the 2018 IEEE International Conference on Industrial Engineering and Engineering Management (IEEM). IEEE, 2018: 1245 - 1249.

[243] Nakamoto S. Bitcoin: A peer - to - peer electronic cash system [R/OL]. 2008. [Online]. Available: https://bitcoin. org/bitcoin. pdf.

[244] Nasri W, Charfeddine L. Factors affecting the adoption of internet banking in Tunisia: An integration theory of acceptance model and theory of planned behavior [J]. Journal of Internet Banking and Commerce, 2012, 23 (1): 1 - 14.

[245] Nikita N A, Azim K S, Jafor A H M, et al. Digital transformation in non - profit organizations: Strategies, challenges, and successes [J]. AIJMR - Advanced International Journal of Multidisciplinary Research, 2024, 2 (5).

[246] Norris P. Digital divide: Civic engagement, information poverty, and the internet worldwide [M]. Cambridge: Cambridge University Press, 2001.

[247] Moor J H. What is computer ethics? [J]. Metaphilosophy, 1985, 16 (4): 266 - 275.

[248] Wasserman H, Rao S. Postcolonial approaches to global media ethics [J]. Journalism Studies, 2007, 8 (2): 245 - 262.

[249] Ochuba N A, Amoo O O, Okafor E S, Akinrinola O, Usman F O. Strategies for leveraging big data and analytics for business development: A

comprehensive review across sectors [J]. Computer Science & IT Research Journal, 2024, 5 (3): 562-575.

[250] Ogunbajo A, Oladeji O, Arinze E, HelpMum. ADVISER: AI-driven vaccine intervention optimizer [OL]. arXiv preprint, arXiv: 2204. 13663, 2022. Available: https: //arxiv. org/abs/2204. 13663.

[251] Oliver C. Strategic responses to institutional processes [J]. Academy of Management Review, 1991, 16 (1): 145-179.

[252] Organisation for Economic Co-operation and Development (OECD). Alternative education spaces in Mexico [R]. Paris: OECD Publishing, 2010. Available at: https: //www. oecd. org/content/dam/oecd/en/publications/reports/2010/11/alternative-education-spaces-in-mexico_g17a1f09/5km4g24s2gf8-en. pdfOECD.

[253] Orfanos V A, Kaminaris S D, Papageorgas P, Piromalis D, Kandris D. A comprehensive review of IoT networking technologies for smart home automation applications [J]. Journal of Sensor and Actuator Networks, 2023, 12 (2): 30.

[254] Orlikowski W J. The duality of technology: Rethinking the concept of technology in organizations [J]. Organization Science, 1992, 3 (3): 398-427.

[255] Orlikowski W J. Using technology and constituting structures: A practice lens for studying technology in organizations [J]. Organization Science, 2000, 11 (4): 404-428.

[256] Ostrom E, Janssen M A. Advancing the study of collective action in the commons: A cultural perspective [J]. International Journal of the Commons, 2019, 13 (2): 852-876.

[257] Pasquale F. The black box society: The secret algorithms that control money and information [M]. Cambridge, MA: Harvard University Press, 2015.

[258] Pereira D A. A survey of sentiment analysis in the Portuguese language [J]. Artificial Intelligence Review, 2021, 54 (2): 1087-1115.

[259] Pfeffer J, Salancik G R. The external control of organizations: A resource dependence perspective [M]. New York: Harper & Row, 1978.

[260] Preneel B. Cryptographic hash functions [J]. European Transactions on Telecommunications, 1994, 5 (4): 431 –448.

[261] Prigogine I. Order out of chaos: Man's new dialogue with nature [M]. New York: Bantam Books, 1977.

[262] Priya E S, Suseendran G. Cloud computing and big data: A comprehensive analysis [J]. Journal of Critical Reviews, 2020, 7 (14): 2020.

[263] Putnam R D. Bowling alone: The collapse and revival of American community [M]. New York: Simon & Schuster, 2000.

[264] Qi W, Sun M, Hosseini S R A. Facilitating big – data management in modern business and organizations using cloud computing: A comprehensive study [J]. Journal of Management & Organization, 2023, 29 (4): 697 – 723.

[265] Qin X, Jiang Z. The impact of AI on the advertising process: The Chinese experience [J]. Journal of Advertising, 2019, 48 (4): 338 –346.

[266] Radford A, Wu J, Child R, Luan D, Amodei D, Sutskever I. Language models are unsupervised multitask learners [OL]. Open AI Blog, 2019, 1 (8): 9. Available: https: //www. openai. com/research/language – unsupervised.

[267] Rajora R, Rajora A, Sharma B, Aggarwal P, Thapliyal S. Sensing the future: Challenges and trends in IoT sensor technology [C] //Proceedings of the 2024 4th International Conference on Innovative Practices in Technology and Management (ICIPTM). IEEE, 2024: 1 –5.

[268] Reich R. Just giving: Why philanthropy is failing democracy and how it can do better [M]. Princeton: Princeton University Press, 2018.

[269] Regasa W G. Essays on the application of heuristics in charitable giving [D]. Doctoral dissertation, 2023.

[270] Reischauer G, Wagner D, Peteraf M. Dynamic capabilities & path dependence: Organizational adaptability in turbulent environments [C] //Acad-

emy of Management Proceedings, 2014 (1): 11394.

[271] Rijswijk K, de Vries J R, Klerkx L, Turner J A. The enabling and constraining connections between trust and digitalisation in incumbent value chains [J]. Technological Forecasting and Social Change, 2023, 186: 122134.

[272] Robusti C S, Avelar A B A, Farina M C, et al. Blockchain and smart contracts: transforming digital entrepreneurial finance and venture funding [J]. Journal of Small Business and Enterprise Development, 2025. https: //doi. org/10. 1108/JSBED - 12 - 2023 - 0584.

[273] Rosenberg R S, Baughman S L, Bailenson J N. Virtual superheroes: Using superpowers in virtual reality to encourage prosocial behavior [J]. PLoS ONE, 2013, 8 (1): e55003.

[274] Rotter J B. A new scale for the measurement of interpersonal trust [J]. Journal of Personality, 1967, 35 (4): 651 - 665.

[275] Rowe G, Frewer L J. Public participation methods: A framework for evaluation [J]. Science, Technology, & Human Values, 2000, 25 (1): 3 - 29.

[276] Ruiz L, Benitez J, Castillo A, Braojos J. Digital human resource strategy: Conceptualization, theoretical development, and an empirical examination of its impact on firm performance [J]. Information & Management, 2024, 61 (4): 103966.

[277] Salman M Y, Hasar H. Review on environmental aspects in smart city concept: Water, waste, air pollution and transportation smart applications using IoT techniques [J]. Sustainable Cities and Society, 2023, 94: 104567.

[278] Sargeant A, Shattuck S. Fundraising principles and practice [M]. San Francisco: Jossey - Bass, 2017.

[279] Saxton G D, Guo C. Accountability online: Understanding the promise and limits of web - based nonprofit transparency [J]. Nonprofit and Voluntary Sector Quarterly, 2014, 43 (3): 477 - 501.

[280] Saz - Carranza A, Ospina S M. Bridging divides in cross - sector collaborations [J]. Journal of Management Inquiry, 2020, 29 (2): 209 - 225.

[281] Schumpeter J A. The theory of economic development [M]. Cambridge: Harvard University Press, 1934.

[282] Shi W, Cao J, Zhang Q, Li Y, Xu L. Edge computing: Vision and challenges [J]. IEEE Internet of Things Journal, 2016, 3 (5): 637 -646.

[283] Shi Z R, Wang C, Fang F. Artificial intelligence for social good: A survey [OL]. arXiv preprint, 2020, arXiv: 2001. 01818.

[284] Shier M L, Handy F. Resource dependence and nonprofit sustainability: Lessons from the COVID -19 pandemic [J]. VOLUNTAS: International Journal of Voluntary and Nonprofit Organizations, 2022, 33 (3): 567 -579.

[285] Shin D, Shin E Y. Data's impact on algorithmic bias [J]. Computer, 2023, 56 (6): 90 -94.

[286] Simon H A. The architecture of complexity [J]. Proceedings of the American Philosophical Society, 1962, 106 (6): 467 -482.

[287] Soori M, Arezoo B, Dastres R. Artificial intelligence, machine learning and deep learning in advanced robotics: A review [J]. Cognitive Robotics, 2023, 3: 54 -70.

[288] Srivastava N, Hinton G, Krizhevsky A, Sutskever I, Salakhutdinov R. Dropout: A simple way to prevent neural networks from overfitting [J]. Journal of Machine Learning Research, 2014, 15: 1929 -1958.

[289] Sudhir K, Roy S, Cherian M. Do sympathy biases induce charitable giving? The effects of advertising content [J]. Marketing Science, 2016, 35 (6): 849 -869.

[290] Suguna S, Suhasini A. Overview of data backup and disaster recovery in cloud [C] //Proceedings of the International Conference on Information Communication and Embedded Systems (ICICES2014). IEEE, 2014: 1 -7.

[291] Suk K, Mudita T. Effects of the preannouncement of donation expenditure on the evaluation of charitable organizations and overhead aversion [J]. Asia Marketing Journal, 2025, 26 (4): 213 -223.

[292] Sun L, Zhang H, Fang C. Data security governance in the era of big data: Status, challenges, and prospects [J]. Data Science and Manage-

ment, 2021, 2: 41 -44.

[293] Sundaram S, Zeid A. Artificial intelligence - based smart quality inspection for manufacturing [J]. Micromachines, 2023, 14 (3): 570.

[294] Sweeney L. Discrimination in online ad delivery [J]. Communications of the ACM, 2013, 56 (5): 44 -54.

[295] Szabo N. Formalizing and securing relationships on public networks [J]. First Monday, 1997, 2 (9).

[296] Tapscott D, Tapscott A. Blockchain revolution: How the technology behind Bitcoin and other cryptocurrencies is changing the world [M]. New York: Penguin, 2016.

[297] Thaler R H, Sunstein C R. Nudge: Improving decisions about health, wealth, and happiness [M]. New Haven: Yale University Press, 2008.

[298] Thornton P H, Ocasio W, Lounsbury M. The institutional logics perspective: A new approach to culture, structure, and process [M]. Oxford: Oxford University Press, 2012.

[299] Tiwari A. Cryptography in blockchain [A] //Pandey R, Goundar S, Fatima S. Distributed computing to blockchain: Architecture, technology, and applications [C]. Cham: Springer, 2023: 251 -265.

[300] Tschorsch F, Scheuermann B. Bitcoin and beyond: A technical survey on decentralized digital currencies [J]. IEEE Communications Surveys & Tutorials, 2016, 18 (3): 2084 -2123.

[301] Tudoran A A. A machine learning approach to identifying decision - making styles for managing customer relationships [J]. Electronic Markets, 2022, 32 (1): 351 -374.

[302] Tversky A, Kahneman D. Advances in prospect theory: Cumulative representation of uncertainty [J]. Journal of Risk and Uncertainty, 1992, 5: 297 -323.

[303] Tyen G, Brenchley M, Caines A, Buttery P. Towards an open - domain chatbot for language practice [C] //Proceedings of the 17th Workshop on Innovative Use of NLP for Building Educational Applications (BEA 2022).

Association for Computational Linguistics, 2022: 234 - 249.

[304] Ulibarri N, Scott T A. Tipping points in collaborative governance [J]. Policy Studies Journal, 2021, 49 (3): 847 - 873.

[305] United Nations Human Settlements Programme (UN - Habitat). World Smart Cities Outlook 2024 [R]. Nairobi: UN - Habitat, 2024. Available at: https: //unhabitat. org/world - smart - cities - outlook - 2024 [Accessed 30 May 2025] .

[306] U. S. International Trade Commission. Digital Trade in the U. S. and Global Economies, Part 2 [R]. USITC Publication 4485, August 2014. Available at: https: //www. usitc. gov/publications/332/pub4485. pdf.

[307] Valdez - De - Leon O. How to develop a digital ecosystem: A practical framework [J]. Technology Innovation Management Review, 2019, 9 (8): 43 - 50.

[308] Valmohammadi C, Varaee F. Analyzing the interaction of the challenges of big data usage in a cloud computing environment [J]. Business Information Review, 2023, 40 (1): 21 - 32.

[309] van Dijck J. The platform society: Public values in a connective world [M]. Oxford: Oxford University Press, 2018.

[310] Vargo S L, Lusch R F. Evolving to a new dominant logic for marketing [J]. Journal of Marketing, 2004, 68 (1): 1 - 17.

[311] Vaswani A, Shazeer N, Parmar N, et al. Attention is all you need [C] //Advances in Neural Information Processing Systems, 2017, 30: 5998 - 6008.

[312] Venkatesh V, Davis F D. A theoretical extension of the technology acceptance model: Four longitudinal field studies [J]. Management Science, 2000, 46 (2): 186 - 204.

[313] Verma S. Weapons of math destruction: How big data increases inequality and threatens democracy [J]. Vikalpa, 2019, 44 (2): 97 - 98.

[314] Vermesan O, Friess P, eds. Digitising the industry: Internet of Things connecting the physical, digital and virtual worlds [M]. River Publish-

ers, 2022.

[315] Von Heimburg D, Røiseland A. From co – creation to public value through collaborative platforms—The case of Norwegian kindergartens [J]. Public Money & Management, 2023, 43 (1): 26.

[316] Vrontis D, Christofi M, Pereira V, et al. Artificial intelligence, robotics, advanced technologies and human resource management: A systematic review [J]. International Journal of Human Resource Management, 2022, 33 (6): 1237 – 1266.

[317] Wang G, Chen Q, Xu Z, Leng X. Exploring satisfaction and trust as key drivers of e – government platform continuance use [J]. Computers in Human Behavior, 2020, 108: 106335.

[318] Wang L, Ma J. Big data and the socialization of technology: Pathways to understanding technology adoption [J]. International Journal of Information Management, 2020, 52: 101984.

[319] Wen B, Wang Y, Ding Y, et al. Security and privacy protection technologies in securing blockchain applications [J]. Information Sciences, 2023, 645: 119322.

[320] Westley F, Antadze N. Making a difference: Strategies for scaling social innovation for greater impact [J]. The Innovation Journal, 2010, 15 (2): 1 – 19.

[321] Wiggers K. Hurricane Ian destroyed homes. Google's algorithms sent money [OL]. WIRED, 2022 – 11 – 03. Available: https: //www. wired. com/story/google – hurricane – ian – relief – algorithms/.

[322] Williams M L, Burnap P, Sloan L, et al. Users' views of ethics in social media research: Informed consent, anonymity, and harm [A] //Gray E L, Jones S M, Thompson R J, eds. The ethics of online research [C]. Emerald Publishing Limited, 2017: 27 – 52.

[323] Wooldridge M. An introduction to multiagent systems (2nd ed.) [M]. Wiley, 2009.

[324] Wu DC, Zhong S, Wu J, Song H. Tourism and hospitality fore-

casting with big data: A systematic review of the literature [J]. Journal of Hospitality & Tourism Research, 2024. Advance online publication. DOI: 10.1177/10963480231223151.

[325] Wu Y, Schuster M, Chen Z, et al. Google's neural machine translation system: Bridging the gap between human and machine translation [EB/OL]. arXiv preprint, 2016. arXiv: 1609. 08144.

[326] Xu H, Gupta S, Rosson M B, Carroll J M. Measuring mobile users' concerns for information privacy [J]. Information Systems Research, 2012, 23 (4): 1018 - 1034.

[327] Xu J, Huang G. The relative effectiveness of gain - framed and loss - framed messages in charity advertising: Meta - analytic evidence and implications [J]. International Journal of Nonprofit and Voluntary Sector Marketing, 2020, 25 (4): e1675.

[328] Yin H, Wu X, Kong S X. Daily investor sentiment, order flow imbalance and stock liquidity: Evidence from the Chinese stock market [J]. International Journal of Finance & Economics, 2022, 27 (4): 4816 - 4836.

[329] Younis R, Iqbal M, Munir K, et al. A comprehensive analysis of cloud service models: IaaS, PaaS, and SaaS in the context of emerging technologies and trend [C] //Proceedings of the 2024 International Conference on Electrical, Communication and Computer Engineering (ICECCE), 2024: 1 - 6. IEEE.

[330] Yun G, Zheng Q P, Boginski V, Pasiliao E L. Influence network design via multi - level optimization considering boundedly rational user behaviours in social media networks [J]. Computational Social Networks, 2021, 8: Article 13.

[331] Zaheer A, McEvily B, Perrone V. Does trust matter? Exploring the effects of interorganizational and interpersonal trust on performance [J]. Organization Science, 1998, 9 (2): 141 - 159.

[332] Zeyen A, Beckmann M, Akhavan R. Social entrepreneurship business models: Managing innovation for social and economic value creation

[M] //Managementperspektiven für die Zivilgesellschaft des 21. Jahrhunderts: Management als Liberal Art. Wiesbaden: Springer Fachmedien Wiesbaden, 2014: 107 - 132.

[333] Zhao C, Liu Z, Zhang C. Real or fictional? Digital entrepreneurial narratives and the acquisition of attentional resources in social entrepreneurship [J]. Journal of Innovation & Knowledge, 2023, 8 (3): 100387.

[334] Zhao X, Zhou X. The dual effects of digital platforms on social capital: Evidence from the Chinese social media context [J]. Information Systems Research, 2020, 31 (4): 1324 - 1342.

[335] Zhiyang L, Chenfang Z, Bin L. Digital social entrepreneurship: Theoretical framework and research outlook [J]. Foreign Economics & Management, 2020, 42 (4): 3 - 18.

[336] Zhuang Z, Lee X, Wei J, et al. CBCMS: A compliance management system for cross - border data transfer [C] //Proceedings of the 2024 IEEE International Conference on Big Data (BigData), 2024: 4789 - 4798. IEEE.

[337] Zuboff S. The age of surveillance capitalism: The fight for a human future at the new frontier of power [M]. New York: Public Affairs, 2019.